幸せになるひっそり
スピリチュアル作法

桜井識子

主婦と生活社

はじめに

この本を手に取ってくださって、ありがとうございます。

ブログのほうに読者の方からメッセージをいただくのですが、神仏関係についての質問だけでなく、意外と多いのが人生相談です。読ませてもらっていて、「あー、そこはこう考えると楽になると思いますよー」とか、「こうしたほうがしんどくないですよー」と、思うことがよくあります。

実際の生活でも人の相談にのっていていつも思うことは、まじめな人は悩むときもキッチリまじめに悩むなぁ、です。

本人は気づいていないのですが、本当に一生懸命に悩んでいて、「そんなに根を詰めて悩まなくても……」と思ったりします。

そして、悩み方というか、思考方法が一直線のことも多いです。律義に一本道で悩んでいるのです。

まっすぐ行かなくても右から行く方法もあるし、左から回り込む方法もあるし、ときには上空から行ってみたら？　ということもあるのですが、本人の見ている道が一本道なので、それ以外に道はない、と思い込んでいます。なので、ずっと悩みがループしたり、解決方法がなかったりするみたいです。しんどいだろうなぁ、と思います。

一直線に悩まないとはどういうことかといいますと、私を例にしてお話しします。

私は車を持っていません。介護の仕事を始めたときに「え？　車、持ってないの？」と、そんなに貧乏なの？　みたいなことをよく言われました。

通勤も、電車で通っていたのは私ひとりで（今の会社もです）、他の人はみんな車で通勤していました。駅から歩くなんてかわいそう、という目で見られていました。

この状況を、〝車を持っていない私〟にフォーカスすると悩みが生じます。みんなが持っているのに私だけ持っていない、それによってみんなに変な同情をされるし、かっこ悪いし、貧乏って思われるし、ああ、みじめだわ、私って……、買おうかしら、どうしよう、となって、もんもんと悩むことになります。

でも、実際は車がないから歩くわけで、通勤時はもちろん、どこに行くにも歩きます。徒歩1時間はちょっと遠いかなと思いますが、30分なら、すぐそこ、という感じです。普通に歩ける距離です。おかげで山登りもできますし、足腰も弱りません。同い年の同僚は、徒歩5分でも、「そんなにもう歩けない、無理」と言っています。

人にどう思われても、「車いらないし〜」と自分が思っていれば、悩みもなにも生じないわけです。

「車がない」という状況は同じでも、一方の私はみじめだと悩んでいて、もう一方の私は、持たないおかげで元気、と平気なのです。

このように、考え方次第で消える悩みも少なからずあると思います。抱えている悩みが消える悩みだったら、どんどん消していけばいいのではないでしょうか。それが幸せな人生をおくるコツのひとつだといえます。

他にも、ブログでいただく質問にはこのようなものがあります。

「人生を豊かに過ごすためにはどうしたらいいと思われますか？」

「今の状況から抜け出すには何をすればいいのでしょう？」

「どうすれば幸せになれますか？」

この本に書いたことが、そういった質問に対する答えのヒントになったり、気づきのお手伝いになったり、少しでも何かのお役に立てれば、と思います。

私の本を読むのが初めて、という方のために、ブログと内容が重複している部分もありますが、神仏のことなどもわかりやすく説明しています。

多くの方が神社の神様やお寺の仏様のありがたさを知って、気づいて、そして感じて、人生をよりよいものにしていただけたら、と思います。

そして、そのお手伝いがほんの少しでもできれば、大変光栄に思います。

桜井識子

幸せになるひっそりスピリチュアル作法　目次

はじめに　3

第一章　あなたという人間と運命　11

人生の計画は、自分で決めている　12
子どもは親を選んで生まれてくる　16
人生の意味や目的とは？　21
守護霊はいつもそばにいる　27
人とのご縁の不思議　31
人生のターニングポイントに現れる救世主　35
ソウルメイトとの出会い　39
〝絶対神〟の愛はときに厳しい　42
神仏は思わぬ形で夢を叶えてくれる　48

第二章　幸せな家庭づくり　53

夫婦和合のコツ　54
嫁と舅の不協和音　59
姑には負けるが勝ち　62
親の介護への向き合い方　67
親が認知症になったら　71

第三章　仕事における心得　75

誰にでもある天賦の才能　76
実らない努力はない　80
仕事のやりがいとは　85
苦手な同僚や先輩との関わり方　90

第四章　悩みとの上手な向き合い方　95

自分の直感を信じる　96
愛する人の死を乗り越える　102
〝心の傷〟の原因は過去世にあった!?　109
自信を持つと人生が開ける　115
不幸の先払い　122
将来への漠然とした不安　129

第五章　幸せに生きるヒント　133

幸不幸は考え方次第　134
孤独と向き合う　138
見方を変えれば悲劇も喜劇になる　143
いいお手本の真似をする　149
言霊Ⅰ　口約束の重み　155
言霊Ⅱ　ネガティブな言葉の魔力　160
私が日々、心がけていること——霊格を上げる——　166

第六章　神仏とのつき合い方　173

神社参拝の基本マナー――識子流・神社参拝の作法と心得――　174
神社のタブー　177
氏神や産土神は怖い？　180
お守りの役目　185
神様は先回りしない　193
願掛けが叶わない理由　196
金運をいただくコツ　202
神仏を感じる力を育てよう　206

おわりに　210

第一章

あなたという人間と運命

人生の計画は、自分で決めている

私には、ほんの一瞬だけですが、生まれる前の記憶があります。記憶にある光景はこんな感じです。

こたつの天板よりひと回り大きな紙のようなものを広げ、正座をした姿勢で前傾になって、私はその紙をのぞき込んでいます。

横には人がふたりいました。〝いる〟ということは確実なのですが、姿や顔などは思い出せません。

また、これはあとになってわかったことですが、そのうちのひとりは私の守護霊だったそうです。

私は横にいるふたりと、これから私が歩むことになる人生について計画を立てています。計画を相談しているこの瞬間のことだけは、不思議なほど鮮明に記憶しています。

そして、私は間もなく始まる新しい人生について「よし、頑張ろう！」と思っているのですが、それと同時に「長い人生をまたやるんだなぁ、ちょっと面倒くさいな」という気持ちも持っていました。

この記憶があるので、私は人は生まれる前（直前だと思います）に、ある程度の出来事は計画してきていると思っています。

その出来事を承知のうえで生まれてきている、それが人生だと思います。

ただ、人によって、〝ある程度〟の度合いは違うようです。

綿密に計画を立ててキッチリ細部まで決めてくる人、おおまかな出来事だけを決めてくる人、あるいは、ごく稀に、まったく何も決めずにきている人もいるのではないかと思います。

何も決めてこなかった人は、自分の意志によって自由に人生を作っていくというわけです。

そうなると、では、

「きっちりと計画を立ててきた人は、レールの上を走るだけの人生なの？」

と、思われるかもしれません。でも、そうではないのです。

たとえば、次の人生は医師になって多くの人の命を救おう、と計画してきたとしても、その人が怠け者だったら医師になるのは無理でしょう。

努力を放棄して楽なほうへ逃げ、勉強をまったくしなければ、当然のことですが医師にはなれません。

自分の怠惰な性格ゆえに、計画は〝計画のまま〟で終わってしまうのです。

そういうことはたくさんあると思います。

私は自分の過去世で、計画とは違う人生になってしまって後悔をしたことが何回かあります（私にはいくつかの前世の記憶があるのです）。

死ぬ瞬間に、

「しまった、どうして人生を逃げたのか」

「もっとこう生きるべきだった」

と後悔したり、

「次こそはちゃんと生きよう！」

と考えたりした記憶もあります。

ですので、運命ともいえるいくつかの計画はあるものの、その計画通りにいくかどうかは本人次第、だと思っています。

また、先ほどの例でいえば、計画通りに医師になれたとしたら、それは〝レールの上をただ歩んだだけ〟とか〝決まった運命を生きただけ〟といった機械的なものではありません。

〝努力して頑張って自分の計画を達成した！〟という素晴らしい結果になったのです。

子どもは親を選んで生まれてくる

生きていくうえで、環境は物の考え方や性格形成などの、とても大きな要因になります。

ですから、自分で立てた〝人生の計画〟が計画倒れにならないために、その計画がうまくいくような環境をちゃんと選んできています。

つまり、たまたまその親の元に生まれたのではなく、自分が親を選んで生まれてきている、ということです。

たとえば、〝医師になる〟という計画を立てた人は、医学部に行けるようなお金持ちの家に生まれるとか、頭がよく生まれるなど、準備を整えて生まれてきています。

このことを深く納得したのは、塩沼亮潤《りょうじゅん》さんという大阿闍梨《あじゃり》が書いた『大峯《おおみね》千日回峰行《せんにちかいほうぎょう》』（春秋社）という本を読んだときです。

塩沼さんは、千日回峰行という荒行を吉野山で達成したことで有名なお方です。

吉野の千日回峰行というのは、標高364メートルの蔵王堂を夜中の0時半に発ち、提灯と杖を頼りに延々と24キロの険しい山道を標高1719メートルの大峰山頂まで登り、また、同じ道を下って15時半に帰堂。19時に就寝され、23時半に起床して、また0時半に歩き始めるという厳しい行です。

この往復48キロ、標高差1300メートル超の道程を毎日歩き続けるのです。しかも、いったんこの行に入ったら、雨が降っても、嵐がきても、高熱が出ても休むことはできません。

もしも途中でやめる場合は、自ら命を断つ、というそれくらいの覚悟を持って挑むとても過酷な行なのです。

この厳しい日々を、開山の間（5月～9月）、毎日繰り返し、9年の歳月をかけて1000日間歩き通すのです。

吉野・金峯山寺1300年の歴史で、達成したのは塩沼さんを含めてふたりだけという事実が、この荒行の想像を絶する厳しさを物語っています。

実際、塩沼さんはこの行の最中に生死をさまよう経験をされています。

塩沼さんは、出家されるまでとても貧乏な環境で育ったのだそうです。

貧乏だったおかげで、吉野に行って修行しているとき、仲間はみんな、しんどいしんどい、と口癖のように言っているなか、塩沼さんはひとり、幸せだったそうです。

なぜなら、ごはんは美味しいし、部屋も8畳をたったふたりで使えるので何不自由もないし、そのうえ暖房まである。ありがたい、ありがたい、と思っていたそうです。

この本を読んで、

「厳しい行をして、大阿闍梨になろうと決意してこの世に生まれてきた魂は、その道をまっすぐに進めるように、環境を選んで生まれてくるんだなぁ」

と、人生の計画の用意周到さを感慨深く思いました。また、塩沼さんのお人柄、その謙虚なものの考え方にもとても感銘を受けました。

もちろん、塩沼さんは特別な例で、その分、わかりやすい例と言えます。貧しい子ども時代を過ごした人の中には、あの環境を自分で選んだなんて、そんな説、納得できない、と思う方もいらっしゃるかもしれません。

でも、生まれ育った環境がのちの人生に生きているということはたくさんあると思います。

私が働いている介護の職場の仲間にも、貧しい子ども時代を送った人がいます。そういった人は、

「子どもの頃はめっちゃ貧乏でなぁ、欲しい物、なんも買うてもらえへんで、みじめやったわー。思い出したくもないわ」

と言っていますが、貧乏を経験したことはマイナスばかりではないように思います。

私から見ると、その環境で身についた貴重なものを持っているからです。

たとえば、そういう人は物を大切にします。

マヨネーズも普通の人だったらギューッと絞って出なくなれば捨ててしまいますが、容器をちゃんとハサミで切って、最後のひとすくいまできれいに出して使います。そういうヘルパーさんは、利用者さんから大変、喜ばれます。

私生活でも安物買いをせず、高いものを吟味して購入し、大事に大事に使っています。お金のありがたみを知っているので、お金を貯めるのもうまいです。

また、同じような環境で育った人には別のタイプの人もいて、お金があるときは、ケチケチしないでみんなに気前よくパーッとおごってくれる人もいます。

そういう人は人格すべてが太っ腹に見えて、人気もあります。

どちらの場合も、私の目には子ども時代の苦労した環境がタネとなり、それが花開き、実を結んでいる、と映ります。

本人がそのことにあまり気がついていない場合もありますが、選んで生まれ育った環境が、その人のその後の人生に生きている例はたくさんあると思います。

人生の意味や目的とは？

人間は〝生まれる前に人生を計画してくる〟と書きましたが、では、そもそも、なぜ人は生まれてくるのでしょうか。

その話を進める前に、「絶対神」について説明をしたいと思います。

これは私がそのように理解しているものですので、別の考えを持っている方もいらっしゃると思いますが、絶対神とは宇宙に偏在していて、人間だけではなく、動物にも植物にもすべての生きとし生けるものに分け隔てなく愛情を注いでくれる存在である、と私は考えています。

いわば、宇宙の法則、宇宙の理《ことわり》、宇宙のすべて、愛そのものが絶対神なのです。この唯一無二の神様を、神社にいる神様と区別するために、ここでは「絶対神」と呼ぶことにします。

私は、人間の誕生や死など大きな場面だけでなく、この「絶対神」はさまざまな形で人生に関与していると思っています。

話を元に戻します。

なぜ、人は生まれてくるのか……それはひとことで言えば、〝感動するため〟です。

この愛情あふれる「絶対神」は、これから生まれ出ようとするすべての人たちに対して、「素晴らしい感動をたくさん味わって、魂を豊かにして戻ってきなさい」と生命を授け、この世に送り出してくれています。人間は〝たくさんの感動を味わう〟ために生まれてくるのです。

心温まる映画を観て涙したり、大自然を見て心が洗われるような気持ちになったり、試験に合格して大喜びしたり、さわやかな風に吹かれて「心地いいなー」と思ったり、音楽を聴いて心を躍らせたり、人の優しさに感謝したり……と、心や五感を通して多くの感動を魂に刻み込むことが、生まれてきた理由だと思います。

「人生は試練の場だ、さあ、つらい思いをしに地上へ行ってきなさい」

「人生は修行だから、苦しいのは当然だ」

などと、愛そのものの絶対神が言うはずがありません。ブログを読んでくださっている方からも、

「会社に勤めていますが、孤立していて毎日つらいです。これは神様が私に与えた試練でしょうか？　乗り越えなければいけない修行なのでしょうか？」

といったメッセージが届くことがあります。

人生を修行の場だと考えてしまうと、このようにつらいことがあるたびに、「修行なのだろうか？」「試練だから、乗り越えなきゃ」と、本当はしなくてもいい我慢をすることにもなりかねません。

特にいじめとか、ＤＶなどの場合、神様が与えた試練でも修行でもありませんので、その場にとどまる必要はないです。

ここまで読んで、疑問が浮上した人もいるのではないかと思います。

「人生にはつらいこと、試練のような出来事も巡ってきて、それを避けてばかりもいられないのでは？」

もちろん、試練のようなつらい出来事も人生には必ず起こります。でも実は、こういった出来事は自分で計画してきているのです。絶対神が「試練を与えよう。乗り越えなさい」と与えたものではないのです。

何度も生まれ変わりを続ける魂の長い道程には、数々の失敗や間違いもあります。

そういったものはカルマとしてその人の魂に記憶されていますので、因果応報の作用が働いたり、あるいは、過去に犯した間違いを正すために、次の人生ではここで大きな出来事に遭遇してバランスをとろうとか、試練を味わうことで魂を覚醒させよう、というふうに自分が計画を練っているわけです。

もっと具体的に言うなら、事故に遭ったり、病気になったり、人に裏切られるといったつらい出来事を設定し、そういった試練を体験することによって、「人生とは？」「魂とは？」「生きる目的とは？」といったことについて、深く考えるように計画してきているのです。

いわば、試練を体験したり、乗り越えることによって〝魂の成長〟〝霊性の向上〟を目指すわけです。

人間として生まれた今、覚えていないかもしれませんが、これは〝自分で〟計画しています。

〝人生は修行の場だから、望んでもいないのにつらい出来事が起こる。それが私を苦しめる〟という受け身の事象ではなく、〝自分の魂をレベルアップさせるために、または神仏に目覚めるために、きっかけとして、試練を自らに課している〟ということになります。

もちろん、そういった計画をしてきたことはすべて忘れていますから、

「なんでこんなつらい目に遭うの？」

「人生って、生きるってつらい……」

と思ったり、腹が立ったりするわけですが、でも、そういった出来事を体験したあとで振り返ってみると、

「あの出来事があったからこそ、私は精神的に成長することができた」と実感することも多いのではないかと思います。

そうなれば人間としての幅も広がり、度量も大きくなりますから、それまでは気づかなかった人の痛みに気づくことができるようにもなると思います。

人に与える愛情も質の良いものになるでしょう。

また、感動も奥深く、透明度の高い美しいものに変わっていきますし、小さな感動にも気づくようになります。小さな感動まで拾えれば、あちらの世界に持ち帰る感動の量も増えるわけです。

つまり、つらい出来事はたまたま私たちに訪れるのではなく、人生を深く豊かにするために必然として起こり、そこには大いなる意味が秘められている、ということです。

このことを頭の片隅に入れておくと、試練がふりかかってきたときの心の持ちようも変わってくるのではないかと思います。

守護霊はいつもそばにいる

自分で計画してきたこととはいえ、つらい試練に遭うというのは、誰にとっても苦しいことです。

でも、そういったときに、その人をそっと見守ってくれている存在がいます。

それが、守護霊です。

人生の計画について書いた部分で、〝横に守護霊がいてくれた〟と書きましたが、そのときにいた守護霊が、生まれてから死ぬまで、ずっとそばにいてくれます。常に見守ってくれるのです。

守護霊は生まれる前に立てた計画をすべて知っていますから、その人が試練に遭って死ぬほど苦しんでいても、その体験を味わうことは何よりも本人の学びのために必要なことである、ということを本人よりも深く理解しています。

ですから、守護霊はすぐそばにいるのですが、ただ黙って見守っていることしかできないですし、しないのです。

守護霊は親よりも何倍、何十倍も深い愛情を私たちに持ってくれています。これはもう地上にはない種類の人を想う気持ちです。

そこまで愛している私たち人間が、身悶えするほどに苦しんでいる姿をただ見守るということは、生易しいことではありません。守護霊は手出しすることもできないまま、涙を流しながら寄り添ってくれています。

「頑張れ、頑張れ」と言いながら、泣いている私たちの頭を優しく撫でています。そのようにして、そっと見守り、愛を送りながら、私たちをいい方向へと導いてくれているのです。

守護霊は霊格の高い、慈愛に満ちた存在ですから、前にしゃしゃり出る、なんてこともしません。その分、感知するのが難しいとも言えます。

でも、たとえ見ることができなくても、苦しいときに片時も離れることなく寄り添ってくれている存在がいるんだとわかれば、さらに、決して自分はひとりではないのだということを知れば、心が救われたり、試練を乗り越える勇気を奮い立たせたりすることができるのではないかと思います。

そんな守護霊は、誰にでもひとりついています。

そのメインの守護霊をサポートする存在も周りに数人います。これくらいの人数で、ここら辺にいるということはわかるのですが、そのひとりひとりがどんな姿の存在か、というのは残念ながらわかりません。

先ほども言いましたが、霊格が高いので、「守ってやってるんだ」というふうにいちいち主張しないからです。

このサポートの存在の数は人によってどうやら違うようです。

私は他の人の守護霊を見ませんので、他の人の場合はよくわかりませんが、私の場合は、サポートの存在の数がだんだん増えてきています。もしかしたら、ブログを始めたことが人助けになっているかもしれず、それが影響しているようにも思います。その人助けをサポートするために人数が増えているようです。

また、今でこそ私は自分の守護霊と、時々コンタクトがとれるようになりましたが、実は長い間、自分の守護霊がどんな人なのかまったく知りませんでした。わからなかったのです。

私が、人間には全員、守護霊がついているらしいと知ったのは中学生のときでした。

それ以来、なんとしてでも自分の守護霊を見たい、知りたいと願ってきたのですが、守護霊を見ることができたのは40代半ばのことです。見たい、会いたいと切望してから、約30年間もかかりました。

まだ私の霊格が、霊格の高い守護霊を知るほど（私の守護霊はもう守護霊をするレベルではないということで、かなり高いのです）、波長を合わせることができるほどには成長していなかった、というのが理由でした。ちなみに、私の守護霊は、この世にいたときに伊勢神宮の斎宮（斎王）をしていた方です。

その当時の名前が「識子」というのもわかっています。私のハンドルネームやペンネームは、そこからいただいたものなのです。

人とのご縁の不思議

人とのご縁というのも、考えてみると不思議なものです。

たとえば、学生時代に40人前後いたクラスメートの中で友達になる人とならない人がいますが、その違いはなんなのでしょうか。

また、大人になってから仕事を通じて知り合った人の中にも、ほとんど関わりを持たずに終わる人、ただの知り合いで終わる人、そのときは親しくつき合ってもやがて疎遠になる人がいる一方、生涯の親友になる人もいます。

結論から先に言ってしまうと、パートナーや親友など、人生において重要な存在といえる人との出会いは、生まれる前に計画してきています。

何歳のときにこの場所でこんなふうに……など、あまり事細かく決めているわけではないようですが、次の人生ではこの人とこの人に会うようにしよう、みたいな感じで決めてきています。

そういった人とは、過去世においても近しい存在だったことが多いようです。たとえば、私には数年前にガンで亡くなって、もうこの世にはいないのですが、大切な親友がいます。

親友とはパートの面接会場で出会い、大阪各地から多くの人が来ている中（すごい倍率でしたので、応募者も多かったです）、たまたま最寄り駅が同じだったことから「じゃ、一緒に帰る？」という話になって親しくなり、やがて親友づき合いをするようになりました。

この親友とは、ギリシャ時代に生きた前世でも親友同士だったのです。前世を思い出したときは、この人は今生の誰、ということがパッと一瞬でわかることがあります。このときもそうでした。

ギリシャ時代の前世では、お互いに男性として生きていたので、姿や顔形はまったく違うのですが、ハンサムで女性にモテていた親友が、まさに今生で出会ったその親友であることはすぐにわかりました。ちなみに、そのときの私はモテモテの友達と違い、不細工でコンプレックスの塊で……と、冴えない男でした（この前世のコンプレックスの話は、また別の章、第四章で詳しくお話しします）。

そんな、魂の結びつきが強い人同士が出会ったときには、ある特徴があります。たとえば、こんな話を耳にしたことはないでしょうか？　お互いに出会ったときに〝ビビッ〟ときて、あっという間に親しくなったとか、将来、伴侶になる人だと感じた、というような話を。

実をいうと〝お互いが〟そう感じるわけではないのです。ビビッとはくるのですが、どちらか一方が確実にわかるようになっています。私と親友の場合、彼女のほうがビビッときたらしく、お茶せえへん？　ごはん食べに行かへん？　と、積極的に近寄ってきてくれて親友になりました。

親友は誰とでもすぐ友だちになれるタイプではないし、人に積極的に話しかけるタイプでもないので、不思議に思って聞いたところ、「なんでやろな？　識子にだけやで」と言っていました。

特にこれといった理由もなく〝すごく気が合う〟〝なぜか一緒にいたい〟と感じることは、その人との間には、何かの絆、強いつながりがある、と思っていいと思います。

これを裏づける別の例もあります。

元夫（2番目の夫です）は最初に私を見た瞬間、「オレのお嫁さんになる人はこの人だ！」「この人こそ、運命の人だ！」と、なぜか理由もわからないいま強烈に感じたと言っていました。

このときも、私のほうは彼を見ても特別何も感じませんでした。その後、この彼とは事情があって離婚をしましたが、現在も仲良しで人生のパートナーです。過去世でも何回も一緒に過ごしてきた相手です。

というわけで、人生における重要な人との出会いは計画してきたもので、そういう人とは前世でも深いご縁がある。そして、出会ったときはどちらかが強烈な感情を伴って気づくようになっているようです。

人生のターニングポイントに現れる救世主

一方、つき合い自体はそう長くも深くもないけれど、人生の中で重要な役割を果たす人との出会いというものもあります。

たとえば、職場で何かのトラブルに巻き込まれたときに、それまではさほど親しくなかった先輩が的確で役に立つアドバイスをくれたり、味方についてくれたお陰で退職に追い込まれずに済んだけれど、その先輩は数カ月後に転職してしまってつき合い自体は途絶えてしまったとか。

あるいは、アクシデントが起こって絶体絶命のピンチ！　というときに、思わぬ人が急に現れて窮地から救ってくれた、といったようなケースです。

そのときはトラブルに慌てふためいて余裕がなかったために、その人の重要さ、ありがたさに気づくことができなかったかもしれません。

でも、あとで冷静に振り返ってみたときに、「あー、あの人と会ってなかったら、今の自分はいないなぁ」「まるでスーパーヒーローのような人だったわ。あのときは気づかなかったけど」というような出会いは、きっと誰にもあるのではないかと思います。

そのように、人生の節目、節目で手を差し伸べてくれる人が現れたり、人生のターニングポイントで大きな役目を果たしてくれる人との出会いも、実は、人生の計画を立てるときに組み込んできています。

そのような相手も、前世からのご縁があった人と考えていいでしょう。

せっかく助けてくれたのに、あのときはバタバタしていてお礼も言えなかった、という場合もあるかもしれません。でも、心配はいりません。

このように、助けてくれたり、救ってくれたり、人生をいい方向に導いてくれた人は、実は前世においては逆の立場、つまり、過去世の自分が助けてあげた相手で、その恩返しを今生で相手がしてくれた、という可能性が高いのです。

そうでない場合は、またいつか別の人生で会って、今度はこちらが今生での恩返しをする、という巡りあわせになります。

このように、悪いことだけでなく、いいことも、時を超えて自分に返ってきます。また、ご縁も前世、今生、来世へと時を超えてつながっていますから、人とのご縁も大切にしたいものです。

さらに言い添えるなら、人生の途上で救い主のような人が現れた場合、その人は神仏の代わりに手を差し伸べてくれた、ということもあります。

それは観音様だったり、神社の神様だったりするわけですが、神仏は肉体を持っていないので、そういう方法で助けてくれるわけです。

たとえば、銀行でおろした全財産を封筒ごと落としたとします。明日から一銭もない、ご飯が食べられない、どうしよう！　と目の前が真っ暗になります。神様、どうかお金が戻ってきますように！　とワラにもすがる思いで祈っていると、そこに警察から電話があって「お金を届けてくれた人がいますよ」と言われた……。

この届けてくれた人は、神仏の意向をくんで動いてくれた人です。

このように神様仏様の思いというか、意思というか、そういうものをキャッチできる人が、本人はそうと気づかないまま、神仏の代わりに助けてくれるということもあります。

肉体を持たない神仏は封筒を拾って交番に届けることができませんから、こうして人を使って救ってくれるのです。

今、本を読んでくださっている方の中には「私には助けてくれるような縁がある神仏はいないです……」と落胆される人がいるかもしれません。

でも、たとえその人自身が信心していなかったとしても、両親や祖父母、ご先祖様の信仰心が篤く、その徳をいただく形で助けられることもあります。

おばあちゃんが朝な夕なにお仏壇で拝んで貯めていた功徳を、思わぬ形でもらえるということも神仏の世界ではあるのです。

いずれにしろ、〝救われた〟〝助けられた〟ということがあるなら、その相手が誰かに関わらず、今からでも遅くはないので、「あのときはありがとうございました！」と、感謝の気持ちを天に向かって伝えるといいと思います。

ソウルメイトとの出会い

ソウルメイトとの出会いを求めている人も多いと思います。

ソウルメイトというのは、魂同士が深い絆で結ばれている大事なパートナー、何度も一緒に転生している運命の人、といえる相手です。

先ほど、〝自分にとって大事な人との出会いは人生の計画に組み込んでいる〟と書きましたが、ソウルメイトとの出会いも計画してきています。

生まれる前にソウルメイトと会うことを約束してきている人がいる一方、出会いを約束しないで、その部分の計画はまったく白紙のままで生まれてくる人もいます。

計画してこなかった人は、この人生では結婚しない、と決めてきたということではなく、「新しいご縁を見つけるぞ！」といった固い決意をしてきているようで、いってみれば、愛のチャレンジャーともいえます。

新たに結んだご縁の人とは、そこからいくつもの転生を共にすることになりますから、言い換えれば、これから絆を結んでいく新たなソウルメイトを探しにきている、というふうにもいえます。そういう人は、自分だけで探すのではなく、神社に行って縁結びをお願いし、神様のお力を借りるとより良い人と出会うことができます。

その一方、ソウルメイトと「会おうね」と約束してきた人は、どのようなことがあっても、その人と必ず巡り会うようになっています。

ソウルメイト同士が引き合う力はものすごく強いので、たとえ違う国に生まれていようが、年齢差があろうが、絶対に出会います。

今現在、ソウルメイトと出会っていない人は、もしかすると、お互いに約束した時期がまだきていないのかもしれません。

いくら35歳までに結婚したい！　と思っていても、約束の時期が40歳だと、残念ですがそれまでは出会えません。

その時期を設定した理由はさまざまですが、仕事である程度、力を発揮してからとか、つらい恋愛や結婚を経験して人間としての度量をひと回り大きくしてから、あるいは、家族との時間をたっぷり過ごしてからなど、別の計画を完了したあとにソウルメイトと出会う計画を立てている場合もあります。

世間でいわれる結婚適齢期に合わせて出会う時期を設定しているのではありませんから、その人にとっての結婚適齢期は、それこそ十人十色です。

20代、30代ではなく、50代で出会うように設定している人もいます。

また、稀な例ですが、相手の都合で時期が遅れている場合もあります。

たとえば、ソウルメイトの相手が一度離婚したのちに出会うと設定してきたけれど、離婚話がうまく進まなくて遅れている、といったような場合です。

いずれにしろ、この世に来てから出会う時期を早めたり、調整したりすることはできませんから、これはもう、待つしかありません。

でも、あちらの世界で交わした約束は必ず成就します。

出会うのは1日あれば十分ですから、もしかするとそれは、明日なのかもしれません。

〝絶対神〟の愛はときに厳しい

宇宙の理である〝絶対神〟は愛そのものですが、私たち人間の、前に向かって進んでいる〝魂の成長〟と〝霊格の向上〟が後戻りする行為に関しては厳しい部分があります。

もちろん霊格は人によって段階が違うので、その人に応じたレベルでの話になります。

魂は長い長い年月をかけて何度も生まれ変わり、どの人生でもつらい思いや苦しみ、悲しみを経験して霊格を上げてきています。

この本を読んでいる人は特にそうだと思われますが、神仏が好きとか、スピリチュアルに目覚めたとか、そういう分野に心が開いている人はかなり高い霊格になっていると思われます。

今、ここにあるこの霊格は、いくつもの人生、膨大な時間の積み重ねの上に到達したものなのです。

そんな私たちが、自分でその霊格を下げる行為をした場合、絶対神は矯正してくれます。私たちを愛しているからこそ正してくださるのです。

方法はいろいろですが、一見、試練のように思える出来事もあったりします。病気や事故、経済的な打撃、もしくは、人から裏切られたり騙されたりといった状況をその人に与えて気づきを促すのです。

その人自身が自分で気づき、自ら改心するほうが本人にとっていいので、絶対神は最初は黙って見ています。根気強く待ってくれますが、これ以上は本人のためにならないとなれば、それこそ容赦なくといった感じで正されます。

宇宙そのものといえる絶対神の愛の働きですから、そのタイミングに狂いはなく、その判断に間違いはありません。

具体例を出したほうがわかりやすいと思うので、元夫のことを話したいと思います。

これはブログや他の本に詳しく書いていますので、ご存知の方もいると思いますが、ざっと説明します。

彼は人格的に優れた人なのですが、怒りを抑えられない、という欠点を持っていました。俗にいう瞬間湯沸かし器です。出会ってから私はずっと、その部分だけが惜しいなぁと思っていました。

絶対神もそう思っていたのだと思います。本人も自覚していましたが、どうしても怒りの感情に負けてしまうようでした。

そんな彼は原因不明の難病にかかりました。小腸の病気なので、ものがほとんど食べられません。粉ミルクのような栄養剤で生命を維持します。

それだけではなく、腸が炎症を起こすと止まらない嘔吐、気を失うくらいの激痛に襲われ、腸に穴が開く危険があるので救急搬送になります。

彼は最初、身の不幸を嘆いていましたが、いろいろと深く考えるようになり、やがて性格も穏やかになって怒りを克服しました。

罹病した当初は、半年に2～3回は炎症を起こしていましたが、ここ2年ほど救急搬送されていません。症状は落ち着いています。治ったのかというとそうではありません。

少し前に、カプセルカメラの検査をすることになりました。これはカメラが小さなカプセルの中に入っていて、そのカプセルを飲んで体内を通過させ、その途中であちこちを撮影するというものです。

この検査は受ける前にテストがあります。カプセルが腸を無事通過できるか……というものです。

健康な人は当然通過しますが、元夫は病気で腸の所々がウインナーのようにキュッと委縮しています。「狭窄《きょうさく》」と言いますが、そこを通過できるかどうか、同じ大きさのダミーのカプセルを飲むわけです。

元夫は見事にそれを詰まらせ、カプセルは腸の細い部分を通過できませんでした（ダミーカプセルは溶けていくようになっています）。

その結果を見た医師は、こんなに悪い状態だったのね！　みたいなことを言ったそうです。

ですが、ここ2年くらいは不思議と症状は良くなっていて、食べられるものが徐々に増えています。

もちろん、お肉とか油はとると即、炎症・入院コースですが、野菜や果物、卵、いくつかの魚などが食べられるようになり、ほぼ粉栄養剤オンリーだった以前に比べれば天国のような状態です。

本人もありがたいありがたいと感謝しています。

彼の病気は試練や修行などではありませんから、本人が気づき、霊格を落とさない生き方に目覚めれば、症状を軽く、負担がないようにしてくださるのです。

絶対神にとっては、本人が美味しいものを食べられることよりも、霊格を落とさないほうが大事です。

人生を幾度もやり直す長い旅をしている魂にとっては、ラーメンだとかトンカツが食べられたからこの人生は幸せでした、ではないのですね。

絶対神の思いやりは本当に深いと思います。人間が自分ではできない矯正をしてくださるからです。

彼はいつも、心から「神様、ありがとう」と本気でお礼を言っていて、病気になったことを不幸どころか、神様に愛されている証拠なのだと感謝しています。

怒りの感情に襲われなくなって、いちばん楽になったのは本人です。私も、絶対神が彼の性格を直してくださった、と思っています。

人は誰しも安定した生活を望み、それが神様に愛されている証しだと思ってしまいますが、違うのです。

何ひとつ荒波が襲ってこない平穏な人生では、人間は大事なことに気づくことができないかもしれません。

霊格が下がってしまう生き方をしていても矯正してもらえなければ、死んだのち、自分が元いた場所にすら戻れなくなります。霊格が低くなると、それ相応の場所に行かなければいけないからです。そこで気づいて、後悔して泣いても遅いのです。

いずれにしろ、絶対神が与える出来事は、試練ではなく、奥深い愛からのもの。真実の愛とは、ありがたくも、時に厳しいものなのです。

神仏は思わぬ形で夢を叶えてくれる

人生の目標のひとつに、夢の実現というものがあります。

その夢が、自分が立ててきた人生の計画に沿うものであれば叶いやすいと言えますが、計画になかったら叶わないかと言えば、これはそうともいえないのです。

ただ、自分で立ててきた計画を人は覚えていませんから、そもそも自分の夢が計画に沿ったものかどうかがわかりません。

ですので、叶えたい夢があるなら、そしてその夢を捨てたくないのなら、最後まで諦めずに突き進むことが大事だと思います。

というのも、夢の内容によっては、神仏が力を貸してくれることもあるからです。

夢に向かって頑張っている最中に高い壁にぶち当たり、「あー、もうこの夢は叶わないかもしれない……」と、誰もが思うような状況に追い込まれたときに、時として思わぬことが起こり、それをきっかけにして夢の実現へと続く道が切り開かれていくことがあります。このように、思わぬことが起こったときは、神仏の力が働いたと考えていいと思います。

誰がどう考えても問題解決は無理。夢を叶える術がなくなった、ああ、終わった……と思っても、それは所詮、人間の小さな脳ミソで考えたことです。

人知を超える神仏は、人間が想像もしない方法で夢を叶えてくれることがあります。

神仏は、自分の欲や見栄を満たすための夢には力を貸してはくれません。ですが、その人の夢が、やがてたくさんの人の役に立つとか、世の中に貢献する結果をもたらすとか、世界中の人に夢を与えたり、人々を救うことになるとか、そういった夢は多くの神仏が応援してくれます。

そんな夢を追っている人に、神仏は時に当の本人さえあっと驚くような方法を用いて、夢が叶うような道を作ってくださるのです。
そのような形で夢を叶えた人のお話を書きたいと思います。

ディズニー映画『アナと雪の女王』の制作にCGクリエイターとして参加した糸数《いとかず》弘樹さんという方がいらっしゃいます。糸数さんが担当したのは、雪と氷に覆われたお城や森の背景などの3D制作です。『アナと雪の女王』以外にも、『塔の上のラプンツェル』では主人公の長い髪の3Dを担当するなど、さまざまなヒット作品の制作にも携わっています。

小さい頃からもの作りが得意だったという糸数さんは、大学卒業後、アメリカに留学し、アルバイトで生活費を捻出しながらデザインの学校に通われていました。ですが、貯金が底をついてしまい、親に無心をするのも悪いしということで、夢を断念して帰国する決意をしたそうです。

帰国をする前に、と、友人と出かけたラスベガスで、なんと！　糸数さんは300万円を手に入れたのです。そのお金を学費にまわしてデザインの勉強を続け、37歳のときにWalt Disney Animation Studiosへの入社を果たしたのです。

これは「ラッキー」とか、「ツイていた」程度の軽い話ではなく、まさに神仏のお力添えだと、私は思います。

私はずっと以前から、映画制作にたずさわる人は世界中に夢と希望と癒しを与える、そんな神様の仕事のお手伝いをしていると思ってきました。世界中の人を笑わせたり、感動させたり、そんな偉大な奉仕のお仕事です。

糸数さんは久米島の母校の高校生たちに、アメリカからネットを通じてCG制作の授業もされていて、その高校生たちは夢を捨てない大切さも学んでいると思います。

このように、将来、多くの人の役に立つ人物、およびその夢は、暗礁に乗り上げたとしても神仏の力によって思いもつかない方法で道が開けていくのです。

でも私は……、私の夢は人の役に立たないから無理？　と思われた方は、ちょっと視点を変えて多角的に見てみるといいと思います。

「ダンサーになりたい」のも、「何かの講師になりたい」のも、「お店を持ちたい」という夢も、みんな人の役に立っていて、なんらかの形で人を救っているお仕事です。

諦めずに努力していれば、いつか驚くような方法で道が開けるかもしれません。

第二章

幸せな家庭づくり

夫婦和合のコツ

うまくいっていない夫婦の話を聞くと、会話が少ないというのがほとんどです。中には、会話が少なくなるにつれて、夫は生返事ばかり、妻は文句ばかりになり、やがて会話がぷっつり途絶えて、言いたいことは紙に書いてテレビや冷蔵庫、洗面所の扉など、部屋のあちこちに張って伝えるといった夫婦もいるようです。

ここまでくると修復には多大なエネルギーを使うだろうなぁ、と思います。こんな例を出すまでもないと思いますが、夫婦関係をよくするためには、やはり会話が大事だと思います。

ですから、もしも今、すでに会話が少ないようでしたら、そして、元のようないい関係に戻したいと思うなら、会話を多くするように心がけてみてはいかがでしょうか。

最初はまず、こちらから話しかけるようにします。

なんとなく負けたような気がするかもしれませんが、こちらから歩み寄ることは負けでもなんでもありません。

それに、いくら変えたいと頑張ってみても、相手を変えることはできませんので、自分が変わるしか現状を好転させる手立てはないのです。

そして相手が何かチラッとでもしゃべったら、それがチャンスです。〝積極的に〟話を聞いてあげる、これがコツです。

「夫の話って退屈だし～、興味ないことばかりなんですけど～」

わかります。私もそう思いますし、妻の95％がそう思っているのではないでしょうか。

そこを100歩どころか1000歩譲って、相づちを大げさに打ちながら興味があるように聞いてあげる、それが、相手を気持ちよく会話させる秘訣といえます。

ここら辺はもう、下手に出ているなどと思わず、「賢い妻としての腕の見せ所やわ、フフフ」くらいに自分の気持ちを高めてみるといいかもしれません。

そうやって相手の話を盛り上げていくと、男性は意外と単純なところがあるので、気持ちよくなってたくさんしゃべってくれるようになります。

私の元夫は、自分でパーツを買ってきてパソコンを組み立ててしまうほどのパソコンオタクで、新しく買った海外の訳のわからないソフトの話もしたりします。

この話がもう退屈で苦痛で仕方ありません（笑）。「聞くだけでええねん」などと言われても、いや、それがつらいんですが……という感じです。

私の場合、こういう話を聞くときは肩を揉んでもらうことにしました。そうなると、長くしゃべってもらったら、その間彼はせっせと肩揉みをしているわけで……長くなればなるほど私が得なのです（笑）。

そうなると知恵をしぼってなるべく長時間、話をしてもらうようにしなければなりません。

そこで、話はチンプンカンプンのくせに「うわぁ、それってすごいやん！」とか、「えーっ、うっそー！」とか、「マジでっ⁉」と、大げさに相づちを打つようにしていますす。ちなみに、内容はサッパリわかっていません。するど、彼は目を輝かせて（背中側にいて見えないので、たぶん、ですが）、「せやろっ!?　ビックリするやろっ！」とか「マジマジ！　コレ、マジやでっ!?」と嬉しそうに、結構、長いことしゃべってくれるのです。

積極的な相づちで2時間はしゃべり続けてくれますので、「元夫よ、単純でありがとう」といつも思います。

わからない話をずっと聞いているのはそれはそれでつらいんですけれど、肩こりはスッキリ解消です。彼も気持ちよく話ができて、ストレス解消です。

そして、自分の話をたっぷり聞いてもらっていると感じると、今度はこちらの話も聞いてくれるようになってきます。

私がしゃべるのは、「今日行ったとこの利用者さんちでこんなことがあってね～」といった介護の話なので、彼にとってはまったく興味のない内容でおもしろくないと思います。でも、それでも「フーン」と温度は低いのですが、聞いてはくれます。

夫婦はお互いさまで、こちらから大きく一歩歩み寄れば、相手も半歩くらいは歩み寄ってくれるのではないでしょうか。

もう中年期に差しかかっているし、これからでも大丈夫かしら？　と思っている方もいらっしゃるかもしれませんが、いくつになっても手遅れということはないと思います。人は自分の話を熱心に聞いてもらえると心を開いてくれます。これは高齢者でも同じです。自分が話したことをちゃんと覚えているヘルパーさんは信用してもらえます。

同じひとつ屋根の下で、互いに仏頂面で押し黙ったまま人生を過ごすか、会話のある夫婦でいるか、そこには大きな差があります。

会話が大事という夫婦もいれば、うちの夫婦は旅行が大事、外飲みが大事、という夫婦もいらっしゃると思います。

ご自分に合った方法で歩み寄って、いい関係を取り戻せば、そこからまた違った人生になっていくと思います。

嫁と舅の不協和音

家族の問題を考えるときに、外せないのは義父母との関係です。結婚後すぐに問題が出るというよりも、お互いにちょっと慣れてきた頃から徐々に問題が出てくるケースが多いようです。そして、やはり別居している人より同居している人のほうが問題は大きく深刻です。

ただ、私が最近、意外に思っているのは、お姑さんよりもお舅さんを疎ましく思っているお嫁さんが多いということです。

「お義父さん、偉そーでムカつくわぁ。人のこと、家政婦扱いやで！」という文句を陰で言っているお嫁さんを見かけることも多いです。

私が訪問介護の仕事で伺うお宅では、こんなケースもあります。

その利用者さんの家は2世帯住宅で、利用者さんと妻、長男家族が住んでいました。長男夫婦には子どももいます。その後、妻が亡くなり、さらに長男が病気で亡くなってしまいました。

そうなると、残っているのはお嫁さんと子ども、それからお舅さんにあたる利用者さんです。このお嫁さんは利用者さん（舅）のことを毛嫌いしています。

結婚当初から利用者さんにいじめられてきたと主張しており、関わることを強く拒絶しています。現在、体が不自由になった利用者さんの面倒を一切みませんので、調理も掃除も何もかもヘルパーさんがやっています。

過去に何があったのかわかりませんが、お嫁さんにはお嫁さんの積もりに積もったものがあるのでしょうね。

このような義理の親子関係の場合、今は市役所に届けを出せば、お嫁さんはお舅さんとの縁を切ることができるらしく、その書類もすでに提出済みだそうです。

そんなこともあり、お嫁さんはケアマネにこう言っています。

「もう義父と私は赤の他人ですので、救急車を呼んだくらいではこちらに連絡はしないでください。死んだときだけ連絡をくれればいいですから」

この割り切り方はすごいと思いますが、人には人の事情がありますので、他人が口をはさむ問題ではありません。

利用者さんのほうはいまだに、「長男夫婦が面倒をみてくれると言ったから、ワシの土地に2世帯住宅を建ててやったのに、嫁は世話もしやがらへんでー」と文句を言っています。

「普通は嫁がご飯を作るやろ？　嫁がやったらヘルパーさんの世話になんかならんですむ話やで」

それはそれで利用者さんの気持ちもわかりますが、もう修復は不可能だと思います。「息子が生きとったらなぁ……」と利用者さんがポツリとつぶやいていたのが印象的でした。

嫁と姑もこじれると大変ですが、嫁と舅もこのようにこじれると、お互いに憎しみを抱えて毎日を過ごすことになります。

お舅予備軍の男性は、こんなこともあるということを頭の片隅に入れておいたほうがよいかもしれません。

姑には負けるが勝ち

では、お姑さんとお嫁さんの関係はどうでしょうか。こちらは、ひと昔前よりも関係がよくなっているように感じます。

身近な友達からも、「お義母さんがいい人で仲良くしている」とか「お義母さんと一緒に買い物に行ったりする」という話をよく聞きます。

また、お姑さんがお嫁さんに気を遣っているケースも多く、お姑さんからお嫁さんに「私たちは嫁姑じゃなくて、お友達でいましょうね」という言葉をかけることも少なくないようです。

とはいえ、お姑さんとの関係をずっといいものに保つためには、お嫁さんのほうが〝嫁の立場〟を心得ておくことが大事だと思います。

どういうことかというと、お姑さんにとってお嫁さんとは、大事な息子をひとり占めしている相手ですから、息子を取られた、という気持ちが多かれ少なかれ、どこかにあると思います。

お姑さんはそんな、嫉妬心とまではいかないものの、寂しい気持ちを持っている、ということを常に頭において接するのが、〝嫁の立場〟を心得る、ということになります。

お姑さんの言動をちょっとチェックしてみれば、そこはすぐにわかると思います。

たとえば、一緒にスーパーに外出した際に、夫がお姑さんの荷物を持ってあげたとしましょう。そういうときお姑さんは、

「うちの息子は小さいときから、私の荷物をいつも持ってくれてたのよ〜」

というようなことを言ってきたりしないでしょうか。あれ？　なんだか私に優越感を持ってる？　という場合、それは嫉妬心の裏返しかもしれません。

このときに、うっかり負けん気を出して、

「私の荷物もいつも持ってくれますよ」

などとは、間違っても言わないほうがいいです。

これを言ってしまうと、途端にお姑さんの嫉妬心に火がついてしまいます。

ですから、その言葉はぐっと飲み込んで、

「親思いの優しい人ですよね〜、やっぱり育て方？　でしょうか」

みたいなことを言うのがベストだと思います。すると、お姑さんはすっかり気分がよくなって、子育てについて教えてくれたりします。

そして、嫁より優位に立っていると感じると、急に嫁に優しくなり、

「ねえ、〇〇ちゃん（お嫁さんの名前）の荷物も持ってあげなさいよ」

みたいな発言も出るわけです。

つまり、細かいところで姑に勝とうと思ったりせず、負けてもいい、いや、負けるほうがいい、という気持ちで接するのが、いい関係をキープするコツということになります。

そこで「くそー、ダンナめ！　お義母さんの荷物は持って、私の荷物は持たずかい！」と思っても、それは家に帰ってふたりきりになったときに文句を言

えばいいことです。嫁のこちらには、ふたりになる時間がありますが、お姑さんにはふたりになる時間はないのです。

そこを考えただけでも、同じ土俵に立つのはおかしいとわかります。

私にも息子がひとりいます。私にとって息子のイメージは、いつまでも4〜5歳の、母親にぺったりくっついてきていたかわいい息子のままです。

もう成人してひとり立ちしていますが、面と向かってしゃべっている息子は大人でも、心が感じる息子は4〜5歳のかわいかった息子です。

母親みんながそうだとはいいませんが、親とはこういうものではないでしょうか。私はまだ姑の立場にはありませんけれど、この年になって、お姑さんの気持ちがよくわかるようになってきました。

息子には彼女がいて、今とても幸せそうです。息子を幸せにできるのは、親の私ではなく、唯一、彼女しかいません。

つまり彼女は、私の大事な息子に幸せを与えてくれるわけで、ありがたい存在です。特に息子は子ども時代につらい思いをたくさんしているので、今、幸せにしてくれている彼女には心から感謝しています。

どうか、これからもこの子をよろしくお願いします、といつも心の中で手を合わせています。

ですが、なんとなく寂しい？　かな？　という気持ちになるときがあるのも事実です。

そうか、息子を持つ母親の心境とはこういう感じだったのか、と思うと、最初の夫の母親や元夫の母親に、もっと気を使えばよかったと思います。

私のようにあとからこんなふうに思わないためにも、いい関係を保つためにも、負けてＯＫ、と大きく構えたほうがいいと思います。

親の介護への向き合い方

今、介護の問題は誰にとっても切実だと思います。

私はこれまで介護に関わる3種類の仕事をしてきましたので、そうした中で、在宅介護をしているお宅もたくさん見てきています。福祉用具専門相談員では、多い月は160人以上を担当として受け持っていましたから、誇張ではなくさまざまな家庭を見てきました。

介護職をしている側からの意見として、在宅介護をしている方々は、利用できる介護サービスは最大限利用して介護の負担をできるだけ軽くしてください、ということをまずお伝えしたいと思います。

福祉用具専門相談員の担当だった利用者さんにこんな方がいました。

介護ベッドの搬入が可能かどうか測定に伺うと、そこら中に物が散乱しています。まったく掃除をしてない様子でしたが、話を聞くと、それも当然だと思いました。

その家では、60代の息子さんが仕事をしながら、認知症が始まった母親をひとりで自宅介護していたのです。

息子さんの勤務中はデイサービス（日帰りで利用できる介護サービス）の施設に預けていましたが、夜は息子さんが面倒をみていました。毎日、お母さんにごはんを食べさせたり、着替えをさせたり、下の世話をしたりと、息つくヒマがありません。

やっとお世話を終えて布団に入っても、夜中になると認知症のお母さんは家の中を徘徊し、ひと晩に何度も起こされます。

仕事と介護の疲れが溜っている息子さんにとってはたまりません。腹が立って「うるさい！　早く寝ろ！」とつい怒鳴ってしまうのだそうで、息子さんは、お母さんに声を荒げてしまうことをとても悩んでいました。

最初は手を取ってトイレに連れていくくらい余裕があった介護も日に日に負

担が増し、気がついたときには親子共にギリギリの状態になっているということも決して珍しくないのです。

介護職でない限り、親の介護が初めての経験になる人が多くいろいろ戸惑うこともあって、ケアマネージャーに言われるがままにする、という方がほとんどです。

ケアプランを作成するケアマネージャーに逆らってはいけない、と思うようですが、親身になって考えてくれない、どうしても気が合わない、というケアマネは変えたほうがいいです。

え？　ケアマネって変えていいの？　と、この話をすると驚く人がいますが、介護の現場ではよくある話です。変えられたケアマネも事務所も、相性が悪かったのね、で済ませていますから気に病むことはありません。

担当ケアマネにいきなり他社のケアマネから電話がかかってきて、「来月から私が担当することになりました」なんてことは珍しくないのです。

在宅介護でただでさえ疲れているのですから、ケアマネにまで気を使って、さらに疲れることはないと思います。

また、日帰りのデイサービスはいいけれど、お泊まりのショートステイ（何日か連泊で預けられる介護施設）には抵抗があるという方もいます。

近所の人の「あそこは親をショートに入れてるんやて」という目を気にされてのことのようです。

でも、介護の大変さは経験したことのある人でないとわかりません。

在宅介護は肉体だけでなく、精神的にも大変な負担がかかります。介護疲れは本人に自覚のないまま徐々に溜まってしまい、心の健康を脅かすことも珍しくないのです。ですから、近所の目や親せきの目なんか気にせずに、ご自分の心身の健康を第一に考えたほうがいいです。

そのほうが介護する側だけでなく、介護される側にとっても、結局はいい結果をもたらすことになると思います。

親が認知症になったら

自分の親が認知症になり、徐々に変わっていく姿を見るのは子どもにとっては複雑なものがあると思います。

優しかった親が乱暴な人格になっていく、子どもである自分のことを忘れてしまう、意味不明なことを話し、お金を盗んだなどと言って責めてくる、ひとりで着替えができなくなったり、排泄のコントロールが難しくなる……、など、進行していくと不安や悲しみ、情けない気持ちになることもあるでしょう。

その不安を少しでも減らすことができれば、という思いで、介護の現場で私が体験してきたことをお話しします。

認知症が進むと「触らんといて！」とか、「何すんの！」と、拒絶を示す人が多くなります。そのときの感情は、脳の機能低下のせいで激しく攻撃的です。

そういう場合は、いちいち丁寧にこれから何をするのかを言ってあげると安心して穏やかになります。

入浴時なら「今からブラウスを脱ぎましょう、お風呂に入りますからね」「ボタンを外しますよ〜、今日は寒いからお風呂は気持ちいいでしょうねぇ。はい、ブラウスを脱ぎましたよ」「脱いだブラウスはここにたたんでおきますね」「今度は肌着を脱ぎましょうか？　ちょっとここ、触りますよ？　触ってもいいですか？　ごめんなさいね」という具合です。

認知症の人は自分が今、何をされているのか、次はどうされるのかがわかれば怒らない人がほとんどです。それでも「イヤやー！」というときもあります。それは介護している人を嫌っているのではなく、病気のせいです。

そういうときは、お風呂なんか4〜5日入らなくても死にはしない、と自分に言い聞かせ、ニコニコしてやめましょう。腹も立つでしょうが、常にニコニコして接していると、「あら？　この人、いつもいい感じ」と思うらしく、ニコニコしている人には穏やかになってくれます。

施設勤務のとき、いつも何かしら怒っている女性の入居者さんがいました。

認知症もかなり進行していました。食事を終えるとじっと座っていられなくて、ガタッといきなり席を立ちます。スタッフはみんな食事介助中です。足が不自由なので、ひとりで居室まで行かせるわけにはいきません。誰かが駆け寄ります。そのスタッフに「私は部屋に戻りたいのよっ！」「触らないでよ！」「なんなの！　アンタ！」と、すごい剣幕です。

そこで「お薬、まだでしょう？　お薬を飲んでからお部屋に帰りましょうね」と言います。実は薬はすでに飲んでいますが、その瞬間「え？　クスリ？」と、目を真ん丸にして聞き返し、薬は飲まねば、と思うのか素直に席に戻ります。

入浴をグズる入居者さんには、「温泉ですよ～」と言うと、「え？　温泉？　せっかく温泉に来たのなら入ろうかしら」と嫌がらずに入ってもらえます。

毎回この方法が通用するのだろうか？　と最初はそう思っていましたが、〝毎回〟びっくりするほど通用するのですね。心が素直だからです。

排泄の仕方を忘れた入居者さんは、私に「お姉さん、私は何をどうしたらいいのか教えてね」と言っていました。

「じゃあ、まず、ズボンを下ろしましょう」

「えっと？　ズボンってこれ？」

「そうです」

「はいっ、下ろしました」

「次はおパンツです、下ろしてください」

「これも下ろすの～？　恥ずかしいけど～」

「女同士ですからね～、大丈夫ですよ～」

そして無事に排泄をしながら、「お任せしてよかったわ～」などと小声でつぶやいているのです。大事にお世話をして差し上げたいと、心から思います。

認知症の方は人間の欲や見栄や体裁といったものがなくなっていて、魂そのものというか、純粋でかわいい人が多いので、お世話しているこちらのほうが癒されることもたくさんあります。

このような現場の声を聞くことが、認知症の親御さんをショートステイや介護施設に預ける罪悪感を減らすことに少しでも役立てば、と願っています。

第三章

仕事における心得

誰にでもある天賦の才能

仕事を考えるときによくセットで語られるものに、〝才能〟というものがあります。たとえば、「生まれ持った才能を生かせる仕事に就きたい」「才能をバリバリ発揮して活躍したい」という前向きなものもあれば、「私にもっと才能があれば、もっといい仕事に就けたのに」「どうせ私にはなんの才能もないから……」というようなことを言う人もいます。

今まで数多くの人たちを見てきて、さらに絶対神を知ったうえでいえるのは、〝人には必ずひとつは、人より秀でた部分がある〟ということです。

ふたつもみっつも持っている人もいますが、誰にでも最低ひとつは天賦の才能が備わっているのです。

備わった才能を自分でわかっていれば、それを仕事につなげたり、仕事の場で発揮したりするといいと思います。もちろん、その才能を趣味に生かすのもいいでしょう。

ただ、実際のところ、生まれ持った才能にその人自身が気づいていない、ということも多いのではないかと思います。

というのは、人に備わっている才能は、絵がうまいとかピアノが上手に弾けるとか、語学が得意といったわかりやすいものだけではないからです。

たとえば、事務処理能力が驚くほど高い、計算が早くて正確など、事務処理をしない限りは気づけない才能もありますし、ビジネスにおけるカンが異常に優れている……というビジネスをしてみないと気づけない才能もあります。仕事に結びつきやすい分、これらはまだわかりやすい部類ですが、どんな人にも優しくできて人の心を和ませるのが上手とか、どんな動物でもすぐさまなつく……となると、才能として自覚するのは難しいかもしれません。

私はブログをやっていますが、時々、落ち込むこともあり「もうブログ、やめようかなぁ……」と意気消沈しているときに、〝必ず〟と言っていいほど、絶妙なタイミングでメールをくれる読者の方がいます。

そのメールには日常生活の話と、そこにからめて私への感謝の言葉が丁寧に綴ってあります。それを読むと、「やっぱり頑張ろう！」と心を持ち直すのですが、この方はきっと、自分の周囲の人が落ち込んでいるときも、本人は意識しないまま、こうしてなにげに人を励ましているのだと思われます。

これも天から与えられた才能です。では、自分に備わっている才能に気づくためには、どうすればいいのでしょうか。

そのためには、これまでに自分がしてきたことを振り返ってみるだけでなく、たくさんいろんなものを見たり、聞いたり、読んだりするといいと思います。また、頭であれこれ考えるだけでなく、外に出て行って、いろいろなものに触れたり体験することも大事です。

そうしていく中で、「これだ！」と思うものを自分でつかんでいくしかない、と私は考えています。時には人に「私の長所ってなんだと思う？」と聞いてみるのもいいかもしれません。人が認める長所から広げて考える方法もあります。

そういった意味では、転職することも悪いことではない、と私は思っています。いくつかの職業を実際に体験したり、いろいろな職場で働くことで自分の才能がわかったり、自分に合った職種や職場環境など、見えてくるものがあると思うからです。さまざまな経験をすることは、仕事だけでなく、人生の糧として役立てていくこともできます。

私の先輩に、言葉の使い方が非常に上手な人がいます。利用者さんに対しても常に気配りの言葉づかいをし、同僚に対しても失礼な言い方をしたのを聞いたことがありません。

「ああ、そうか、そういうふうに言えば人は不愉快にならないんだな」と、勉強になります。才能だなぁ、といつも思います。

才能という言葉を聞くと、どうしても華やかなものばかりに目が向きますが、地味な中にもきらりと光る才能、目立たない部分で人を助けたり支えたりする才能というものもあります。

そういったことも視野に入れておくと、生まれ持った才能をみつけやすくなるのではないでしょうか。

実らない努力はない

前世のどこかで、そう学んだ出来事があったのかもしれませんが、いつの頃からか、私の心の中には〝実らない努力はない〟という思いが揺るぎなくあります。

また、誰が言ったのかは忘れてしまいましたが、「10年間努力をし続ければ、必ず花が咲く」といった言葉も聞いたことがあります。

どちらも真理だと思います。

たとえ天賦の才能がなくても、一生懸命、頑張って努力を続ければ、絶対にある程度のところまではいきます。

確信を持ってそういえるのは、私自身にもそのような体験があるからです。

語学は才能だと、私は思っています。10年ほど英会話スクールに通いましたが、そこで実感しました。

TOEICのスコアは高得点なのに、つまり勉強はできるのに、話す・聞くという実際の会話はイマイチ、という人を数多く見てきました。逆にTOEICは低い点数でも、会話は不自由なくできて外国人と楽しくコミュニケーションをとっている人もいました。

私は、というと、語学の才能はありません。謙遜ではなく、本当にないのです。1回目の離婚をしたあとに英会話スクールに入りましたが、恥ずかしながらそのときは「They are」と「There are」の違いがわかりませんでした。30歳を過ぎると学校で学んだ英語も忘れているのです（いや〜、苦しい言い訳ですね〜、頭が悪いからです、実は）。

それから一生懸命、勉強をしました。英単語も30個くらいしか知りませんでしたので、来る日も来る日も暗記しました。夜中の2時3時まで必死で努力をして、やっと中級クラスくらいにまでなりました。

ですが、才能がないのでこれ以上は伸びません。

その後もせっせと努力をして頑張りましたが、いまだにRとLの発音は一緒ですし、お風呂の「Bath」もブッブーと走る「Bus」も同じように言うので、外人が「前後の文から判断している」などと言っていました。

たまに難しい単語を言うと「わからんなぁ、単語のスペルを言ってくれ」と要求され、屈辱的な、スペルを言うハメになったりもします。

でも、10年間、一生懸命努力をしたおかげで、海外へひとりで自由に行ける程度の力はつきました。

もうひとつ例をあげると、私は中学校時代、バスケットボール部に所属していました。そのチームはスタメン全員が小柄で、そんなに強いチームではありません。しかし、コーチが熱血教師で、大変厳しく、朝練、昼休みの昼練、そして放課後にまた練習です。夜の7時までやっていました。

失敗をすれば竹刀で思いっきりお尻を叩かれます。これが痛いのなんのって、もう……（泣）。土日ももちろん練習です。チーム全員で泣きながら日々頑張りました。

その結果、弱小チームにもかかわらず、全国大会の九州代表になったのです。

奇跡だ！　と喜びつつも、予想外の結果に校長先生は寄付集めに奔走したそうです。

全国大会でも上位入賞を果たしました。その大会にスカウト目的で来ていた有名高校の監督たちが、「なぜ、この子たちがここまで？」と、首をかしげるほどのチームだったのです。

才能がそれほどなくても、努力を続ければある程度のところまでは絶対にいけるのです。

努力は裏切りません。これは本当です。

逆にいえば、〝ある程度〟のラインを飛び越えられる人（たとえば、プロスポーツ選手や世界的に活躍している音楽家など）には、その道において、生まれ持った天賦の才能が備わっている、ということがいえると思います。

ただし、天賦の才能を持っているといっても、努力をしなければ花開くことはありません。

それは、プロスポーツ選手や音楽家の人たちが、子どもの頃から厳しい練習を重ね、プロになっても研鑽を積み続けている姿からも明らかです。

こう考えていくと、天賦の才能があろうとなかろうと、努力をし続けなければならないことには変わりがないわけですが、現実的にいうなら、天賦の才能が備わっているかいないかによって、活躍の場のスケールが違ってくると思います。

ですから、精いっぱい努力してもなかなか思うような結果が出ない、現状から向上しないと悩んだり苦しんでいる場合は、もしかしたら努力を注いでいる場が違うのかもしれないと、冷静に見直してみることが必要かもしれません。

勇気がいることですが、先々の人生を視野に入れると、場合によっては思い切って方向転換をすることが、いい選択になることもあります。

でも、たとえ活躍の場が華やかな中央の舞台ではなくても、本当に好きなことで努力をいとわずに頑張ることができるなら、その道を歩んでいくことも素晴らしいことだと思います。

仕事のやりがいとは

「やりがいのある仕事がしたい」ということをよく言いますが、では、その〝やりがい〟とはどこにあるのでしょうか？

お金にやりがいを求める人もいますが、私は、〝その仕事が好きかどうか〟ということがやりがいにつながると思っています。

先ほど、〝いくら才能があっても努力は欠かせない〟と書きましたが、何よりも〝好き〟という気持ちがないと努力を続けることができません。

つまり、その仕事を続けていくためには〝好き〟という気持ちが欠かせない、ということです。その〝好き〟の気持ちは100％でなくても10％でもいいと思います。

ただ、最初から〝好きになれるかどうか〟という部分を求めて仕事を探しても、あまりうまくいくとは思えません。現実的にも、ずっと好きだったことを仕事にしている、という人は少ないのではないかと思います。

私の場合もそうでした。

介護の仕事に就いたのは「年齢からいって、正社員になれるのは介護職しかない」と、そう思ったことが最初の志望動機です。それで資格を取りました。つまり、生活のため、だったのです。

研修で「あれ？　この仕事、好きかも？」と気づき、実際に働き始めてどんどん好きになっていきました。

介護の仕事に対する世間のイメージは、「しんどそう」とか「汚そう」といったものかもしれません。私も仕事をする前は似たようなイメージを持っていました。

でも、実際に働いてみると、高齢者の方から貴重な体験談を聞かせてもらったり、長く人生をやってきたことで学んだ内容を教えてもらったり、認知症の方のピュアでかわいい発言や行動に癒されたり……と、いいことがたくさんあります。

そういう場面に出会うたびに「あー、この仕事はいいなぁ」と思います。

介護の仕事はこういってはなんですが、それほど高いお給料をもらえる仕事ではありません。というか、金額を書くと「ええーっ！　たったそれだけ？」と、びっくりする人が大勢いると思います。お給料は少ないけれどやりがいがあるので、介護の世界に入った人は、会社は変わってもずっと介護業界で働いています。

「あれ？　こないだまで○○社でしたよね？」「ええ、先月、こっちの会社に転職したんですよ～」というのが、結構、普通に〝あり〟の世界なのです。

ここで、ちょっと横道にそれますが、〝好き〟に関することで思い出したことがありますので、書きたいと思います。

ブログ読者の方から「実は今、転職しようかどうしようか悩んでいます」という内容のメッセージをもらったりします。

私は、「転職はするときはすべき」「何回転職しても悪くない」と思っています。

でも、「転職しようかな？　どうしようかな？」と心が揺れている人には、よく考えてから、悔いのない結論を出すようアドバイスしています。迷う、ということは、その仕事のどこかに好きなところがある、未練がある証拠です。

離婚もそうですが、「離婚しようかな？　どうしようかな？」と悩んでいるうちは、まだどこかに好きな気持ちがあると思っていいです。本当にいやになったら、誰がなんと言おうと、それこそスパッと別れますから。

ですから、心が揺れているという場合は、辞める前に好きな部分をじっくり探ってみるのもいいのではないかと思うのです。

他の業種の人の話を聞いてみるのもいいかもしれません。どの仕事にも大変な部分がありますが、はたから見るだけではわかりません。その大変さをほんのちょっとでも垣間見ることができれば、今の仕事のよさにも気づけるのではないかと思います。

では、話を元に戻します。

やりがいについてですが、〝必要とされている〟と感じることも、仕事のやりがいにつながると思います。

私は今、訪問介護の仕事をしていますが、「今日はちょっとしんどいなぁ、あー、休みたい」と思っても、「いやいや、今日は○○さんとあの話の続きをしなければ！」と思うと、自然にやる気が湧いてきて、元気になります。

また、訪問先の利用者さんから「あんたが来てくれたらホンマ、面白いわ、また来てな。ありがとう」と言われると、それが大きな励みにもなっています。

もちろん、これは介護の仕事に限ったことではありません。販売をしている人でも事務をしている人でも必要とされています。

本人以外誰にもできない事務処理とか、あなたから買いたいと言ってくれるお客さんとか、自分が売り上げなければ店が成り立たないとか、その人が突然、辞めてしまったら周囲が困ってしまう部分はいろいろとあるわけです。

ですから、もっと自信を持って、「私は会社に必要とされている」と考えていいと思います。

誰かに言う必要はないわけですから、自分のことを遠慮せず、もっと高く評価してみてください。それが、やりがい、やる気にもつながっていくと思います。

苦手な同僚や先輩との関わり方

仕事はやりがいがあるけれど、職場に苦手な人がいる。それが悩みのタネ、という場合もあります。

介護は女性が多い仕事ですから、気の合わない女性同士が激しく対立することもあります。以前、勤めていた会社でも派手なケンカがありました。みんなのいる前で相手をなじったり非難したり、書類が入ったファイルをわざとバシッと音を立てて机に叩きつけたりと、女同士の1対1のケンカは、結構、迫力があります。

最初はちょっと気に障るといった程度だったのに、「あの人、ホンマ、性悪《しょうわる》やわー」と、その人への不満を周囲に話していると、自分のその言葉に触発されてますます相手への憎しみが募っていってしまうのです。

「腹が立つ」「嫌いだ」というネガティブな気持ちに集中してしまうと、その感情がどんどん大きくなってしまうからです。そうなると、最終的にどちらかが辞めざるを得なくなる、といった最悪の結果を招いてしまうこともあります。

でも、世の中には気の合わない人もいます。みんながみんな自分に好意的ということはあり得ません。私は気に障るようなことを言ってくる人がいたら、その人はもうそういう人なんだから仕方がないと諦めて、ストレス解消に力を注いだほうがいい、と思っています。

そして、そういう相手は、自分に対して1日に3個はいやなことをしてくる、もしくは言ってくる、と覚悟しておいたほうがいいです。

何もしてこないのが普通、と思っていると、いやなことを1個されただけで、「あいつー、朝からいやなことを言ってきたー、キイィー！」とイライラしてしまうので、自分の感情を守るためです。

たとえば、朝、こちらからにこやかに「おはようございます」と挨拶したのに、向こうはブスッとしたままで無視したとすると、「おぉ～、今日は朝から1個目がきたかぁ」と考えるわけです。あと2個はあるよね、と。

3個までOKですから、仕事が終わったときに2個しかいやなことをされていなかったら、「え？ 今日は2個で終わり？ いいの？」と思えますし、1日の間に1個もいやなことをされなかった日があったら、「今日はどないしたん？ 1個もいやなことをせえへんかったやん。ええの？ ありがとう」という気持ちになれたりもします。余裕を持てると、たまに4個されたりしても、「おっと～、今日は頑張るやんか。1個オーバーの4個ですけど？」と、キリキリせずに済むわけです。

この〝3個までOK作戦〟は、精神衛生上、とてもいい手だと思っています。ただ、中には気が合わないというレベルをはるかに超え、数人から仲間外れにされるなど、職場で陰湿ないじめにあっているケースもあります。

その場合は、改善の余地がなければさっさと去ってもいいと思います。どこか別の場所に、快く受け入れてくれる職場が待っているからです。

いじめを受けて退職に追い込まれてしまった人から届いたメッセージには、こんな気持ちが綴られていました。

「会社でひどい仕打ちを受けて精神的にボロボロになり、もう辞めるしかないと退職を決めました。でも、このまま黙って去るのは納得がいきません。仕返しに、すべてをぶちまけて辞めようと思っています」

この方の心情はとてもよくわかります。

でも、結論から先に言うと、どんな場合でも仕返しはやめておいたほうがいいです。霊格が下がるとか、相手からの悪い念が飛んでくる、ということもあるにはあるのですが、それよりも何よりもまず、その人自身のためです。

自分では、これは自分にされたことを返しただけ、つまり、これでプラスマイナスゼロだと思っていても、魂の記録、もしくは宇宙の記録にはそう書かれないからです。〝他人に対しひどい仕打ちをした〟と書かれてしまうのです。

というのは、自分が意地悪をされたことと、今から自分がする仕返しは、どちらも独立した出来事で、宇宙の法則ではそこに関連性はなく別件となり、因果関係は認めてもらえないのです。プラスマイナスゼロだから仕返ししてもよい、と思っているのは自分だけなのです。

告げ口をして相手を窮地に陥れる、という仕返しの行為は、自分がされたことと差し引きゼロにしてもらえないので、新たなカルマを作ってしまうことになり、そのカルマを解消するためには、また何かでバランスを取らなければなりません。

これまで精いっぱい真面目に、正直に生きてきて霊格を上げてきたのに、そんな人に仕返しをしたために魂の記録に黒い汚点をつけてしまっては、本当にもったいないです。

〝自分がしたことはいつか必ず戻ってくる〟というのが宇宙のルールですから、意地悪をした人には、それ相応の出来事が必ず待ち受けています。

周囲を見渡すと、数年が経過したのちに、そういう人はちゃんとそれなりの報いを受けている例を数多く目にすると思います。

仕返しは自分の霊格を下げてまでする価値があるとは思えません。自分がしなくても、宇宙のルールがちゃんと代わりに仕返しをしてくれる、そう思って、その人たちのことはスッパリ切り捨てて、忘れたほうがいいと思います。

第四章

悩みとの上手な向き合い方

自分の直感を信じる

ブログ読者の方からはいろいろな質問やメッセージをいただきますが、懇意にしている霊能者についての質問や悩みも多いです。

ここ最近よく届くのは、最初はそうでもなかった霊能者が、だんだん高圧的な態度になってきた、というものです。少しでも反論というか、自分の意見を述べようものなら、その霊能者は豹変して怒り狂い、「あなたには悪霊が憑いている」とか、「魂が汚れている」とか、「神様に嫌われている」などと言って罵倒するらしいです。

そのような態度や言葉によって、とても傷ついたり苦しんだりしている人が少なくないのです。

見えない世界のことなので、〝見えると言っている人〟をすごい人なのだ、真実を言っているのだ、と思ってしまうのでしょうが、そうではない場合が多々あります。

ですから、そこはやっぱり自分の直感を大切にしたほうが良いと思います。

もちろん、世の中にはすごい力を持つ霊能者の方もいらっしゃいます。でも、ありもしないこと、見えてもいないことをそれらしく言う偽者もたくさんいるのです。あの手この手で言葉巧みに高額を請求してくる人が多いようですが、お金をたくさん払わされるぐらいならまだいいほうで、偽物の霊能者からおかしな除霊や浄霊を受けたことで悪い霊にでも憑かれてしまったら、それこそ大変なことになります。

悩みや心配事があるから霊能者に相談に行くのはわかります。でも、質の悪い霊能者にひっかかってしまうと、傷つくようなことや不安を煽るようなことを言われ、つい大金を払ってしまったり、その霊能者の元に通うことになったりします（高額な鑑定料を払って）。それだけでなく、危険な目にあうこともありますので、本当に注意が必要です。

相手がどんなにすごいことを言う霊能者でも、どんなに口コミで評判が良くても、自分が接してみて「何か変だな？　本当かな？」と感じたら、その直感は正しいです。先ほどの読者の方からの悩みのメールでもほぼ全部に、途中でおかしいと感じました、と書いてあります。

つまり、魂はちゃんと〝ニセモノ〟と判断しているわけです。守ってくれている神仏や守護霊が、これ以上深入りしてはいけないという信号を送ってくれているのかもしれません。

あちらの世界のことは私には見えないし聞こえないから霊能者に頼るしかないのです……という考えの方もいらっしゃるかと思います。頼っても大丈夫な、優秀な霊能者を見つければ全然問題はありません。ですが、残念ながらそういう能力の高い人は正直いって多くはいません。

そこで私がお伝えしたいのは、自分の直感力、つまり自分の霊感の感度をアップさせましょう、ということです。

先に断っておきますが、霊能者は全員インチキだとか、霊能者に頼るのはよくないという話ではありませんので、誤解のございませんように。

誰にでも、〝感じる力〟いわば霊感は備わっています。

「私には霊感がない」と考えている方が多いのですが、誰でも絶対に持っています。霊能者にしかない能力というわけではないのです。

たとえば「裏通りの路地でなんだかイヤな気がした」とか、初対面の人と会ったときに「この人とはうまが合わないな」と感じたりすることはないでしょうか。

このように、〝そんな気がする〟〝なんとなくそう思う〟……というのは、誰かが教えてくれたことではなく、自分の第六感のようなもので感じているわけです。つまり、〝感じる力〟で何かしらの情報を得ているということです。

この〝感じる力〟を育てていくと、霊能者の言葉より自分が感じているほうが正しいことがわかってくると思います。たとえば、母親が亡くなって、「お母さんはちゃんと成仏しているかしら？」とふと思ったとしましょう。

そういうときに、霊能者から「お母さんは成仏していますよ」と言われれば安心できるとは思います。でも、自分で感じ取ったことでないものは、たとえ無自覚であっても、どこか半信半疑でちょっとした疑いが残ります。

そのため、時間が経ってちょっとでも何か気になること……たとえば、仏壇のお花の枯れ方が異常に早いとか、そういうことがあると「本当に成仏しているのかな？　大丈夫かな？」という思いが浮かびます。気持ちが揺れてしまうのです。

それとは違って、自分で「あー、お母さんはちゃんと成仏しているな、よかったぁ」と感じることができると、心の底からホッと安心することができます。自分が魂で感じた実感を伴うので、確信を持てるというか、安心できるレベル、ホッとする度合いが全然、違うのです。

このような場合も、「そんな気がする」といった直感で受け取る感覚なら、誰にでも経験があるのではないでしょうか。

たとえば、お母さんの大好物のおまんじゅうを仏壇にあげたときに、ロウソクの炎がシューッと長く伸びたのを見て、「お母さんからの合図かな、喜んでくれてるのかな」と感じたことはありませんか？　だとしたら、それはもう、お母さんが喜んでいることを、つまり、そのお母さんからの信号を感じ取っているわけです。そういうちょっとした感覚を大事に思うことが大切です。

自分では「お母さんが喜んでくれて嬉しいなー」と心穏やかに思えているのに、霊能者に聞いてみたら、「お母さんは成仏していません。供養が必要です」とキッパリ言われたらどうでしょう？

その霊能者の能力は本物なのか？　という根本的な部分を考える余裕もなく、「早く供養してあげなきゃ！」と霊能者に言われるままの金額を払う……という事態になるのではないでしょうか。

私のもとに来たメールでは、男性の霊能者にイタズラをされて、心に深い傷を負ったという方がいますし、別の方は、変な除霊をされて以来、体調が悪くなって治らないと書いていました。お金をたくさん払ったという話を書かれている人は結構います。

霊能者は本物の神仏とつながっていない人が少なからずいます。それを見抜き、取り返しのつかない事態を避けるためにも、自分の直感をもっと磨き、育て、信じることをおすすめします。

愛する人の死を乗り越える

両親や伴侶といった家族、恋人、親しい友人など、愛する人を亡くし喪失感に打ちひしがれて、死の悲しみからなかなか抜け出せない、という方がいらっしゃいます。

高齢者の方に伴侶を亡くした当時のことを聞くと、本気であとを追おうと思ったと語る人が何人もいます。20年も30年も経っていますが、いまだに、「つらかったわー、あのときは」と言っています。

もうこの世に存在がなくて、顔が見られない、声を聞くこともできない、二度と会えない、のはたしかにつらいことです。

ここであっさりと言いますが、亡くなった愛する人とは自分があの世に行ったときにちゃんと会えます。

私の従妹が亡くなったときの話はブログや本に書いていますので、ご存知の方もおられると思います。その本ですが、たまたま出版社が決めた発売日が彼女の四十九日で、従妹は自分の話が載った本のことを喜んでくれてるのだな、と思いました。

叔母から「法要が無事に済んだよ」とメールをもらい、よかったよかった、とホッとしていました。法要は早めにする分には構いませんが、遅れてはいけません。従妹の法要も早めに済ませていました。

メールをもらった翌日だったと思います。とてもお天気のいい日で、私は空を見上げていました。頭の中は全然別のことを考えていたのですが、突然、従妹が見えました。

「あっ、Kちゃんだ！」と、思っていると、今度は左手上空から祖父が現れました。祖父は霊格がとても高くなっていますから、祖父のまわりからは仏の高波動が流れています。

ふたりは同じ面というか同じ次元にいるのではなく、Kちゃんは祖父のいる場所から斜め下に下がった次元にいます。たとえて言うなら、祖父がエアコンの位置で、Kちゃんは高波動の風が優しく吹き下ろす床にいて、エアコンを見上げている……という感じです。

祖父が徐々に高度を下げて、Kちゃんに近づきます。そしてふたりの距離が近くなると、祖父はKちゃんに手を差し伸べました。

予想外の行動に「ほー」と思いつつ見ていると、Kちゃんはにこにことその手をつかみます。

手をつないだ瞬間に会話ができるのか、祖父が「不安はなかったか？　怖くなかったか？」と尋ね、「うん、識子さん（実際はここは本名です）がいろいろと教えてくれたから大丈夫だった」とKちゃんは答えています。

「そうか、識子が教えてくれたか……」と祖父は頷いていて、この会話はどうやら死んだ直後のことを言っているようでした。

ふたりはとても穏やかで温かい雰囲気でした。いくつかの会話を交わすと、祖父がKちゃんの手をしっかり握って、Kちゃんを引っ張り上げました。

Kちゃんの体は、先ほどの例えでいうと、床から祖父がいる次元へと入り……、そこでぷっつり見えなくなりました。

「この世との境目の世界から、仏の世界へ行ったんだなぁ」と思いました。これが成仏する、ということなのだと思いました。

実は、死ぬ瞬間のお迎えは（お迎えがある人とない人がいます）、身内ではないことが多いようです。なぜか、というところまではわかりませんが、見たことがない他人のため、拒否する人が多いのです。

死ぬ少し前に「あっち行って！」とか「こないで！」とか叫ぶ人がいるという話を聞いたことがあると思います。知った人ではないので死神に見えたりするのかもしれません。

お迎えに来てもらった人は、お迎えの人について死後世界へ行くわけですが、四十九日の成仏するとき、つまり、仏の世界に入って歩み始めるとき、それは自分があちらの世界で元いた場所に戻ることも意味するのですが、そのときは、生前の身内や親しかった人が迎えに来るのです。

そのときに愛する人に来てもらって再会を果たすためには、亡くなった人に霊格が高くなってもらわねばなりません。万が一、愛する人が成仏していなければ、次元が違うので会えなくなってしまいます。

愛しい人がもしも成仏していない場合も、成仏したあとの仏の道を歩むお手伝いをしてあげたい場合も、この世に残った私たちは、亡くなった愛する人のサポートをしてあげることができます。

それが、供養です。

その供養もお金をかければいいというものではありません。いちばんいい供養は、〝愛〟を感情として送ってあげることです。

どういうことかといいますと、これは手を合わせて「愛してますよ」と言葉で言う供養ではありません。

仏壇やお墓で手を合わせたまま、目をつぶり、その人の笑顔を思い出したり、その人との楽しかった場面を思い出して、「ああ、私はこの人のことが本当に好きだったなぁ」としみじみ思う、〝その感情になる〟ことです。

仏壇や墓前で合掌していますから、この感情が相手にストレートに届きます。

亡くなった方が親であれば、楽しかった思い出、ありがたいと感謝した出来事などを思い浮かべて、その感情になるといいです。子どもの頃のことでも構いません。「あのときは楽しかったねぇ、お父さん」でも愛情は届いていますから、お父さんは喜んでいます。

亡くなった方を心配して「何か、欲しいものはない？」「言いたいことはない？」などと言ってしまうと、そういう心配の念を送ってしまいます。

手を合わせたときに、亡くなって悲しいわ〜、つらいわ〜、と言うと、その感情を相手に与えてしまうのです。愛や感謝の念は相手の霊格を上げるサポートになりますが、心配や悲しみの念は逆に妨げになってしまいます。

愛する人に先立たれた方はおつらいでしょうが、泣いてばかりいると、故人が「先に死んですまんなぁ……」と思ってしまいます。立派に人生をやりとげてあちらの世界へ帰っていった人に、罪悪感を持たせることになるのです。

人間いつかは死ぬし、どちらが先に逝くかだけの問題で、自分が先に死んで夫を悲しませなくてよかった、この苦しみを与えなくてよかった、夫だったら乗り越えられなかったかもしれないと考え、さらに「夫よ、私のこのつらさ、そっちへ行ったら返してもらうからねー、そこは覚悟しといてよー」くらいの気持ちでいるといいのではないかと思います。

「ワシ、死んだらおかあちゃん（妻）にひと言文句言うたるねん。なんでもっとはよー迎えに来うへんかったんじゃー！　ってな」と笑っている高齢者の方もいます。

人の一生なんてあっという間です。亡くなった人と会えるそのときまでの少しの時間、自分にやり残しがないよう過ごすことも大切かと思います。

見えない世界のことを知ることで、愛する人を亡くされた方の気持ちが少しでも軽くなったり、悲しみから1日でも早く立ち直っていただくことができれば、と思います。

〝心の傷〟の原因は過去世にあった!?

心についた傷というのは、癒えるのに時間がかかります。そしてそれが、悩みや苦しみの原因になることがあります。しかも心の傷のせいと本人が気づいていないことが多いのでやっかいです。

私は、いつの頃からか、なぜか自分に自信がない……という悩みを持つようになりました。過去のトラウマが原因かと思い、幼少期の出来事からいろいろと思い出してみましたが、思い当たるものは何もみつかりません。

学生時代はスポーツや勉強を必死に頑張り、それなりの成果も出していましたので、やればできる自分を知っています。それなのに、何をするにも自信がなくてオドオド、びくびくしてしまうのです。

これといった理由の見つからないコンプレックス、いわば〝根拠のない自信のなさ〟というものを常に抱えているというのは、かなりしんどいものです。

自分でも、「なんでこんなに自信が持てないのだろう？」とずっと疑問でしたし、いろんな人にも「なぜそこまで自信がないの？」と言われていました。それが、ある前世を思い出したことで、長年の疑問が氷解したのです。

前述しましたが、その前世での私は、古代ギリシャ時代に生きていた男性でした。恰幅のいいがっちりした体格で、今はない当時の投てき競技（円盤投げやり投げなど、手を使って物を遠くに投げる競技）の選手をしていました。右目は失明していて瞳が白濁していましたが、それがなくても顔自体がすごく不細工です。そのうえ、性格も暗く引っ込み思案だったため、女性にはまったくモテませんでした……。

当時の男性にとって、競技で優勝するのは女性からの人気を集めるいちばんの近道でした。女性にモテないというコンプレックスから脱したくて必死に頑張って優勝したのですが、それでも誰も近寄ってきてくれません。

私と違い、痩せていて性格も明るい親友は、別の競技で優勝し、結婚もしているのに女性にちやほやされています。人気者の親友の横で、私はみじめな気持ちをかみしめていました。

あとからわかったことですが、実はこの人生は、頭脳を使って社会に貢献することを目的に生まれていました。そのために、ずば抜けて優秀な頭脳を生まれ持ってもいました。そこに専念するために、あらかじめ「パートナーとは歩まない」という人生を計画していたのです。

でも、前世の私はそのことに気づかず、〝モテない不幸な男〟というレッテルをみずから貼って、自分で自分を精神的に追い込んでしまったのです。

そして〝こんな自分に自信が持てるはずがない〟という心の傷を、私は今世に持ち越していたのです。

自信を持てない理由はこれだったのか！　とわかった私は、「今は別の人生を生きている別人だから、このコンプレックスはもういらないよ」と自分に何度も何度も言い聞かせました。

この前世を思い出してから、ギリシャにも行ってきました。

前世で投てき競技をしたオリンピア競技場は、今も古代遺跡として残っていますので、そこに実際に足を運んだのです。

そこでは面白い不思議体験がたくさんありました。正門ゲートをくぐろうとしたときに、「いや、違う。私はこっちの方向がなんとなく懐かしい……」という思いが浮かび、直感を頼りに歩いて行くと、そこにはちゃんと選手用の裏門があったのです。

その向かいの建物もすごくよく知っている感じがして、「この建物によく出入りしていたはず」と思って説明を見たら、そこは選手用の入浴施設跡でした。「結構、覚えているもんだな〜、魂ってすごいな」と思いました。

そのあともいろんな建物跡が懐しく、興奮したり感動したりの連続でした。

実際に行き、当時の場所を見ることで、古代ギリシャ時代の自分と今の私は別なのだということをより深く納得でき、長年のコンプレックスから完全に脱することができました。最終的に心の傷を手放すときには、教会の高級霊（日本でいえば、神社の神様やお寺の仏様）の力を借りました。

前世と今の自分は別の人間ですが、魂は同じです。過去に心の傷を負ったため、それが時を経ても、魂についた傷跡として疼《うず》くことがあるのです。

そして、それはすでに終わった過去のことで、単なる傷跡なのだと理解することで、今世とは関係のない心の傷を癒すことができます。

ここで、「でも、私は自分の前世を思い出せないんだけど……。そういう場合、どうすればいいの？」という質問が浮かんだ方もいらっしゃると思います。

たとえ思い出せなくても、今の自分が持っているコンプレックスにこれといった原因が見つからない場合、その原因が前世にある可能性は高いので、これは前世に負った心の傷跡で今の自分のものではない、と自分に言い聞かせるようにするといいと思います。

たとえば、水がどうしようもなく怖い、何をやっても克服できないとなると、過去世で溺死したのかもしれず、そのときの恐怖が魂にこびりついているのかもしれません。

そうかも？　と思ったら、自分はもう別人に生まれているのだから、大丈夫、大丈夫、と自分に繰り返し言い聞かせます。それでも傷がしつこくて癒えない場合、神社仏閣に行って、神様仏様の力を借りるといいです。

仏様の前に長く座っていられるお寺に行って、仏様の尊いお顔をながめながら、そのときの傷ついた自分の魂を癒してください、とお願いします。

仏様は、現在の自分の中にある過去世の自分を解放してくれます。見える人には過去世の自分が天に昇って行く姿が見えると思います。過去世がたとえ外人であっても問題ありません。

神社だったら、先に本殿で詳しくお願いしてから、境内でゆっくり座れる場所に座ります。その神域で同じようにお願いします。

ゆっくり座れる場所がない神社であれば、祈祷をしてもらいます。昇殿して、神職の方の祝詞をBGMにし、神前でお願いすれば解放してくださいます。

このように過去の自分と今の自分を切り離し、当時の傷を手放すことで、消えていくコンプレックスや悩みがあるのではないかと思います。すべてが過去世からきているものではないにしろ、試してみる価値はあると思います。

自信を持つと人生が開ける

古代中国で生きていた前世を思い出したときは、自分に自信を持つことがいかに大切か、ということを学びました。

この前世での私は、大きな宮殿のような建物で働いている男性でした。王宮のようにも思えますが、私が仕えているのは王ではなく将軍だったかもしれません。私はその王か将軍の側近で、占いを元に、いろいろな助言をする仕事をしていました。

頭には国家占いをする者だけが身につけることのできる独特の黒い冠を被り、長い髪を後ろでひとつに束ねています。

この国家占いは、誰でも勉強できるというものではなく、王（皇帝かもしれません）の許可がいる特別な学問で、本当にわずかな人数の人しか身につけることができませんでした。

若い頃に学ぶ許可をもらった私は、国家占いをする仕事に誇りを持っていました。でも、60代半ばになった頃、私は占いを大きく外してしまい、その日、仕えている王（もしくは将軍）にものすごい剣幕で怒られています。

それも当然です。戦いか何かの重要な局面の占いで、私は取り返しのつかないミスをしてしまったのです。

若い頃から猛勉強し、長年、実績も経験も積んできた占いでしたが、そのひとつのミスで私はすっかり自信をなくしてしまいました。それからは、占うたびにビクビク、オドオドしていました。

そんな調子でやる占いがうまくいくはずがなく、私の占いはほとんど当たらなくなってしまいました。

国家占いは現代の占いとは違い、本格的な天文学や気象学、数学も含んでおり、それらを複雑計算し、さらに霊的なものも加えて占う、といったものです。国家の方針を決定する際にも指針とする占いです。それほど重要なものでしたから、当たらない、となると、これはもう一大事です。

王（または将軍）は少し様子を見ていたようでしたが、占いが当たらなくなったことに激怒し、ついに私は処刑されてしまったのです。

この前世の人生は多くを思い出せず、このくらいしか記憶がありません。でも、人生が終わった瞬間に、〝自信の大切さ〟を思い知らされました。

このとき私は、国家占いの師匠の言葉を思い出しました。

「自信にはパワーがある」

「強くて揺るぎない自信は、〝現実を動かす〟」

「自信に満ちあふれて堂々としていれば、現実のほうが変化するのだ」

それだけの力を自信というものは持っている、だからお前も自信を持って占え、と口を酸っぱくして言っていたのです。

その師匠は霊的に目覚めた人でしたので、これは真理だろうと思います。

身近な例もあげてみます。

もうずいぶん昔の話になりますが、私は一時期、ビジネスを学ぶコースで勉強をしていたことがあります。そのときの受講者に若い男の子がいました。

その男の子は引っ込み思案で誰とも会話をせず、ひとり静かに通っていました。みんなが打ち解けて飲み会だのランチだのに行ってても彼は参加しませんでした。

これはあとから知った話ですが、彼は学生のときにいじめにあっていたことがあり、頭は悪いし（本人談です）、イケメンじゃないし（これも私の感想ではなく本人談です）、モテないし、なんの取り柄もない、と自分を卑下していたのです。

たまたま彼と席が前後になっていろいろと話をする中で、私は彼が休憩時間やお昼休みに読書をしていることを褒めました。彼との会話の中で、あの本にこう書いてありましたよ、というありがたい知識をもらったことがあるからです。

彼は照れて、そんなのお世辞でしょ、みたいなことを言っていましたが、とても嬉しそうで、それからは彼のほうから積極的に話をするようになりました。

そしてその受講が終わりにさしかかった頃、約6カ月間、彼が無遅刻無欠席だったことに気づき、「すごいね！」と言うと、彼はテンション低く「普通でしょ？」と言うのです。

いやいやいや、絶対違うから、と言うのですが、「だって、ここに来ることは誰でもできるでしょ？　朝起きて、家を出て、電車に乗れば来れるんですよ？」というのが彼の主張でした。本気でたいしたことない、と思っている口調です。「だから、ボク、小中高もずっと無遅刻無欠席でしたよ。行くことぐらいできるでしょ」と当たり前のように言うので、近くにいたおっちゃんの受講者をひっつかまえて、話をしたところ、「えっ！　それはすごいな、○○君！　普通はできひんよ！」と驚いていました。

そこで他の人も「何？　何？」と寄ってきて、小中高無遅刻無欠席の話を聞くと全員が「それはすごい！」「偉いねー」と感嘆の声をあげていました。そこで彼は、初めて自分が達成した偉業に気づいたようでした。

それからの彼は目を見張るものがあり、いじめられっ子だった面影はまったくなくなって堂々とし、自分から積極的に意見を述べたり、発表したりしていました。

そうなると現実（周囲）のほうも変わってきて、若い女の子の受講者が彼に好意を持ってアタックしていました。

自信を持てるものが見つかれば人は変われる、そしてその自信は現実を変えていく、ということを深く理解できた出来事でした。


また、日経ビジネスで〝ビジネスで大成功をおさめる人は、根拠のない自信を持っている人〟という見出しを見たことがあります。

そのときにも私は、「やっぱりそうなんだ。自信は現実を変える力があるって本当なんだ」と、確信を深めました。

この〝自信を持てば物事はうまくいく〟というのは、資格試験などで実力が出せないと悩んでいる人や、仕事がうまくいかないと悩んでいる人、何かがなかなか上達しないとか、何をやってもうまくいかない、と悩んでいる人には特におすすめのアドバイスです。

本当に、単純に根拠のない自信でいいのです。

たとえば、

「私、子どもの頃から運だけはいいのよね〜」

でも、

「オレはいつか何かで成功するような気がする」

といった、人が聞いたら「はぁ？」と思うような自信で十分なのです。

強くて揺るぎない自信には、現実のほうが負けて変化してくれる……、これは、もしかしたら宇宙の法則のひとつなのかもしれない、と私は考えています。

不幸の先払い

ちょっとでも何か思わしくないことが起きるたびに、「不吉だわ」とか「運勢のバイオリズムが不運モードに入ったのでは？」と考えると、いらない不安を抱えることになったり、ますますツキから離れる運回りになったりします。

たとえば、道で転んでひざを擦りむいたときに、「何か悪いことが起こる前ぶれ？」と考える人がいます。「神様が怒っているのだろうか」と考える人もいるようです。

私は逆にそういうとき「あー、よかった」と思います。

それはなぜかというと、あそこで転ばなかったら、その先の道で交通事故に遭っていたかもしれない、と思うからです。

転んで、「イテテテ」とひざのケガ具合を確認していると、そこで何分か時間がたちます。その何分かをそこで消費したおかげで、交通事故に遭わずにすむわけです。

神仏が大きな〝魔〟（突然襲ってくる大きな不幸の落とし穴）から救ってくれたのだと思いますし、実際、そうである場合が多いのです。

それとは別に、ここで不幸がひとつあったから、しばらくは平穏無事に過ごせるな～、とも思います。

先日、利用者さん宅で小さなやけどをしました。「こんなに小さなやけど、1日で治るわ～、この程度ですんでよかったー」と思いました。そして、この小さなやけどをしたことでしばらくの間、不幸はないだろうと思うと、ホッとした安心感に包まれました。

また、私はよくコピー紙で指を切ったりもするのですが、そういう場合も、「もしも交通事故なんかでざっくりお腹が切れたらえらいことやん、こんなイテテ程度で済んで、ありがたいありがたい」と思います。

ブログに書いていますが、願いを叶えてくれるという南米のエケコ人形が、元夫の不注意で靴箱から落下し、首が折れたことがあります。

その数日後に、今度は自分の不注意で掃除機を扇風機に引っかけて倒してしまい、扇風機の首（？）をポッキリ折りました。買い替えなければならないので予定外の出費です。普通はここで「不吉すぎる！」と思うのではないでしょうか。でもこのときも、ああ、これでしばらく不運はこないな、と思いました。これは言い換えるなら、不幸の先払いをした、ということになります。

こういうことが起きるたび、私は「大きな不幸や事故を、小さな不幸で終わらせてもらえてありがたい」と思います。

しかし、大きな部類の不幸がバンバン重なる、もう、自分は不幸なのだわと認めざるをえない……というくらいマイナスの出来事オンパレードとなると、それは、日常的に細かい不幸の先払いをしているのではなく、人生において、まとめて不幸の先払いをしている可能性があります。

わかりやすくいうと、人生の前半は苦難続き。自分の人生にはこの先、何ひとつ希望が持てない……という状況だったとしても、それは不幸の先払いをしているだけで、後半になると、それまでのことがウソのように明るく幸せな日々が待っている、というケースです。

そのことを私は、自分の弥生時代の前世から教えてもらいました。

この前世での私は、九州の筑豊地方に住んでいた男性でした。10歳ぐらいだったある日のこと、外から帰ると父が死んでいました。うずくまった状態で、すでに体が固くなっていたのです。

母はとっくの昔に亡くなっていて、妹もずいぶん前に死んでいます。母が死んだときも、妹が死んだときも本当につらかったのに、わずか10歳で、また愛する人の死を体験したのです。

ずっと父とふたり暮らしでしたが、とうとう父まで死んでしまい、私はひとりぼっちの天涯孤独の身の上になってしまったのです。まだ子どもでしたので、伯父夫婦が面倒をみてくれましたが、従兄弟たちといても疎外感があって、いつも肩身が狭く、悲しい思いやつらい思いをたくさんしました。

人生の前半は、このように暗く苦しいことばかりが続いたのです。

そんな私も、20代半ばに結婚しました。妻は14歳です。

よほどうれしかったのでしょう。この結婚式の光景は、とても鮮明に思い出すことができます。

高床式の神殿で挙式（といっても食事会のようなものですが）をしています。あたりは、きれいな夕焼けに染まっていました。

男女が分かれて座れるように大きな座卓がふたつあり、卓上には焼いた魚や赤っぽい米などが並べられていて、榊《さかき》も飾られています。集落の長老らしき白髪の老人を含め、男性たちは濁ったお酒を飲んでいます。

私は前歯が欠けていましたが、真っ黒い髪をみずら（当時の成年男子の髪形。髪を頭の中央で左右に分け、両耳の下あたりで輪にして結った形）に結い、青い勾玉《まがたま》のネックレスをしています。

藁で作った腰みのをつけ、ふくらはぎまで藁で編んだ靴を履いていました。

妻は足も手もすっぽり隠れる白い服を着ています。袖は手が見えないように長く作ってあり、袖口が広くなっています。そして、髪の毛にはアクセサリーをたくさんつけていました。

夜が更けて妻は先に帰りましたが、私は今日という日がうれしくてうれしくて、明け方まで飲み続けました。

やがて妻は4人の子どもを産んでくれましたが、私は子どもよりもはるかに妻を愛しています。とにかく毎日この妻が愛おしくてかわいくて仕方ありません。妻もあふれんばかりの愛情を私に注いでくれています。私たち夫婦は、いつも温かい気持ちで愛情豊かに暮らしていたのです。

私は37歳で肺を病んでしまいました。死ぬ間際は時々息ができなくてものすごく苦しいのですが、妻と4人の子どもが看取ってくれているので、満ち足りた気持ちです。愛に包まれながら死にゆくことに感謝しています。

苦しんで死んだのに、死に顔は微笑んでいました。幸せでした。

この人生は、前半にまとめて不幸の先払いをした人生でした。

前半はつらく悲しい出来事が次々に襲ってきましたが、私はそれを乗り越え、後半はそのご褒美のような人生を送ったのです。

このように、何も悪いことをしていないのに、苦しいことやつらいこと、悲しいことばかりが起こる人生は、不幸の先払いをまとめてしている可能性があります。

つらい人生を歩んでいる方は、この不幸はカルマなのか、修行なのか、と考えると、余計つらくなってしまうと思います。

不幸を全部サッサと先払いして、あとから幸せだけを享受する、このような人生の展開もあります。

不幸ばかりを体験しておくと、のちにいただく幸せのありがたみが何倍にもなって、後半の人生は深い感謝や幸福感でいっぱいになります。

自分では忘れていても、そのような人生を経験してみようと計画してきた可能性もあるのです。

将来への漠然とした不安

「将来のことを考えると、なんだか不安になる――。もっと年をとって働けなくなったら、どうしよう。年金なんか当てにならないし、パートナーはいないし、食べていけるのかと考えると心配になるわ――」

将来に対するこのような不安を抱えている人は私の周りにもいます。でも、その不安は考えてみるととても漠然としたものです。なんの実態もありません。

それに、もしかすると1年後にポックリ逝ってしまうかもしれません。そうなったら、10年も20年も先のことを、うーんうーん、胃が痛いー、と悩んだその気苦労は意味がなかった、となります。どうなるかわからない未来の心配をするのは時間がもったいない、というのが私の考えです。

私は人間の寿命は多少の誤差があるにしろ、生まれる前にすでに決まっていると思っていますし、実は、自分の寿命もわかっています。

そして、死ぬのはこのあたりの年齢という寿命があるということは、それまでは何があっても絶対に生きていけるはず、と思います。

たとえば、寿命が80歳だとしたら80歳で死ぬわけですが、逆に考えるなら、80歳までは生きられる、というふうにもいえるわけです。

〝死ぬときが来るまでは生きられる〟、〝将来は絶対、どうにかなる〟と、もうこれは揺るぎなく私はそう思っています。高齢者の方々の人生を見ても、人間って必ずなんとかなるもんだな、と思います。

首をつるしかないという窮地に立たされて全財産を失った人を、福祉用具専門相談員のときに担当しましたが、飢えることなくちゃんと生活していました。

未婚で子どももいなくて、身寄りが誰もいない利用者さんは、若い頃、老後をとても心配していたそうですが、遠い親戚の子がたまたま近くに住むことになって、今、いろいろとお世話をしてもらっています。なんとかなるのです。

自分のこれまでの人生も、私はこの考えで生きてきました。

福祉用具専門相談員を辞めたときも、周りの友人や家族がみんな口をそろえて「その年齢で会社を辞めたら、もう次の正社員はないよ。ヘタしたらパートで一生、生きていくしかなくなるよ。老後はどうするの」と心配して言ってくれましたが、私自身は何も心配しませんでした。

このときも今も、将来のことに一切不安はないのです。お金のこともそうです。これくらいの老後資金があったほうがいいだろうからもっと貯金をしておこう、と考える人もいますが、私は、お金もきっと大丈夫、と思ってきました。だから不安になることなく正社員も辞められたのです。

「え？　識子さんっておバカなの？」と思われそうですが、寿命まで生きられるように、神様や仏様や守護霊様が取り計らってくれる、と考えています。〝そう信じている〟というのではなく、先ほども言ったように、〝人生はそうなっている〟という感覚です。

もちろん、私だけでなく、誰であっても寿命まで生きられるように神仏が取り計らってくれます。これは楽にお金が入るとかそういうことではなく、働きさえすればお金は入るし、その仕事も何かしらちゃんと用意されていて、働くために病気にもならないだろう、とそういう考えです。実際、70歳を過ぎても、パートをふたつかけ持ちして生活している知人がいます。もしも、何かの理由で働けなくなるなど、お金が入ってくる道がなくなったとします。

なんとかしなくてはと慌てたり悩んだりするとは思いますが、たいていの場合、やがて収入の道はどうにかこうにかできていきます。道ができたのが、一見、偶然の成りゆきに思えても、自分が頑張ったからだと思ったとしても、実は、そこには神仏の力が働いているのです。しかも、人間が思いもつかないような巧妙な手を使って道をつけてくださいます。

たとえば、その人が独身女性なら、急に結婚が決まって旦那さんが養ってくれることになるのかもしれません。あるいは、それまで眠っていたビジネスの才能が花開き、ビジネスを始めたらすぐに軌道に乗るとか、趣味の手づくり品などが誰かの目に止まって、ネット販売でヒット商品になるのかもしれません。

とにかく真面目に誠実に生きてさえいれば、神仏によって何かしらの道が用意されるので、心配する必要はないのです。

第五章

幸せに生きるヒント

幸不幸は考え方次第

訪問介護は、利用者さんのお宅に伺い、料理を作ったり、お掃除をしたり、入浴介助をしたりといった仕事ですが、その合間に、利用者さんであるお年寄りの方からいろいろなお話を聞かせてもらいます。

他愛のないおしゃべりですが、話す内容からはその人の考え方や生き方がにじみ出ます。そこから私は、さまざまな人生勉強をさせてもらっています。

〝幸せは、その人の考え方次第である〟というのも、ただ単に言葉でそう思うのではなく、実際に対照的なふたりの利用者さんを見て学びました。

ふたりとも経済状況はほぼ同じなのですが（生活保護を受給しておられます）、考え方が180度違うので話す内容や表情がまったく違うのです。

わかりやすいように、ふたりをAさん、Bさんと呼ぶことにします。

Aさんは、いつ行ってもニコニコしています。話す内容はこんな感じです。

「今日から相撲が始まるで！　また毎日楽しーなるなぁ、遠藤、頑張ってほしいなー」

「ヤクルトのお姉さんが来たから買うたんや〜。ヤクルトって美味しいなぁ。今日はもう1本飲んだからな、明日はやめといて、またあさって1本飲むねん」

何をするにも幸せそうです。

一方、Bさんのほうはいつもたいてい仏頂面で、話す内容はこんな感じです。

「私なー、夜テレビつけてるときはデンキ消すことにしたんや〜、デンキ代もバカにならへんでな。けどなぁ、薄暗い中にじーっとおってみ？　なんや悲しーなってくるで。お金ないとホンマ不幸やで」

「デイサービスのお昼代、アンタ、なんぼや思う？　８００円やで！　取りすぎやろ。それもな、美味しかったらまだええわいな、それがしょーもないメニューでな、おやつかてあんなん10円や。バカらしーなってな、そんでやめたんや」

お金がないからこうであぁで、ンモー、いややわーと、口を開くたびに出てくるのはグチばかりです。ちっとも幸せそうではありません。

Aさんは何事もポジティブに考えて、自分が楽しめることを見つけ、それをエンジョイして暮らしています。その生き方を見ていると、お金がないと不幸せ、という図式は成り立たないのだな、と思います。

それに比べてBさんは、お金がないのは不幸、という観念から抜けられず、毎日、不平不満ばかりで、それでは楽しくないだろうなと思います。

同じような環境でも、考え方が違うとこんなにも人生が違ってしまうものなのかと、ふたりと接するたびにつくづく感じます。

こうなると、家の中の雰囲気も全然、違ってきます。Bさんの家のほうが新しい公営住宅なので建物は立派だし広いのですが、なんとなくどんより暗く、Aさんの家には明るく楽しい雰囲気が漂っています。これはもう、玄関を一歩入ったところから違います。

そして、Aさんのほうは、私にも「ヤクルト美味しいで！　1本飲み？」とすすめてくれたり（いただいてはいけない規則なので、もちろん丁寧にお断りします)、「寒いやろー、はよはよ、ここおいで」とファンヒーターにあたらせてくれます。

自分が楽しく生きていると、人にも気持ちよく過ごしてもらおうという余裕が持てるんだな、と思います。私もこんなふうに生きたい、という気持ちにもさせてくれます。

Bさんもいい人で、決して意地悪で言っているのではないのですが、近所の友人がうちに来て半日を過ごす、その人はその間の電気代も暖房費も使わずにすむ、ブツブツブツブツ、とグチを言います。お金が絡まない会話では面白い冗談も言うし、一緒にいて楽しいのに、もったいないなぁと思います。

いずれにしても、お金があるとコップ8分目のハッピー気分になれる、お金がないとコップ3分目しかハッピーになれない、というわけではなく、毎日を楽しく幸せに過ごせるかどうかは、結局のところ、その人の考え方次第ということになります。つまり、幸せは自分の心が作るものである、ということを深く学ばせてもらっています。

孤独と向き合う

お年寄りの中には、それまではずっと家族と過ごしてきたけれど、伴侶や家族に先立たれた途端に、人生初のひとり暮らしが始まる人がいます。

そのような人は、とても孤独に弱いです。

ひとり暮らしをしてはいたが、友人知人が多く、毎日のように出かけて行ってワイワイ過ごしてきた人が、病気で入院。退院後は自由に外出できない、となるとそこで孤独感にさいなまれるようです。

私が伺っているお宅の80代の男性、Cさんもそのひとりです。

奥様に先立たれてひとり暮らしになった当初は、たくさんいる友達と飲みに行ったり旅行に出たり、カルチャー講座に参加するなど、お仲間と楽しく忙しく過ごしていた人です。

やがて、体の具合が悪くなって、ひとりで外に出られなくなってしまい、状況は大きく変わりました。

友達も同じような年齢ですから、同じように体の不調や病気などで外に出られなくなります。当然、家に遊びに来てはもらえません。今ではCさんの家には、息子さんが2~3ヶ月に一度来てくれるだけです。

そうなるとコンスタントに接するのは、週2回のヘルパーさんだけになってしまいます。高齢でひとり暮らしの場合は、こういうことも珍しいことではありません。

ですから、Cさんはヘルパーさんが来るのを毎回、心待ちにしています。

そのお宅のサービスの時間は1時間ですが、その間、いろいろな家事をしながらずっとふたりでおしゃべりをします。

Cさんは明るく楽しくしゃべっているのですが、帰る時間の10分前くらいになると、次第に元気がなくなります。しょんぼり悲しそうな表情になり、「あー、また夜が来る……」と言うのです。

夜は昼に比べて、孤独が骨身に沁みるそうで、夜が来るとなんともいえないイヤ〜な、暗い気持ちになるそうです。そして夜はとても長く、夜中にトイレに起きてしまうとそこからしばらく眠れなくなり、ホンマにつらいんや……と泣きそうな顔で説明していました。

「ワシ、いつまで生きんのやろな……」と言ったりもします。

孤独が寂しくて、悲しくつらいとなると、生きているのがつらい、という発想になってしまうのです。

外をひとりで出歩ければ寂しさを紛らわすこともできると思うのですが、外出ができない生活になると、気を紛らわす方法もかなり限られてしまいます。その分、孤独のつらさも増してしまうのだと思います。

もちろん、ひとり暮らしのお年寄りが、みんなこのCさんのように孤独におびえているわけではありません。

若い頃にひとりでも楽しく過ごせる術を身につけている人や、独居生活が長い人など、ひとりに慣れている人はまったく平気です。ヘルパーさんが家に来て帰るときも「あー、楽しかった。また来てね」と次を楽しみにしていて、「ヘルパーが帰ったあとの私は孤独だ」などと考えたりしません。孤独に弱くないのです。

高齢になってから、夜が来るたびに「寂しい、寂しい」と思いながら過ごすのはとてもしんどいことなのだと、Cさんを見ていて痛感します。

また、以前、働いていた介護施設では、「お友だちになってほしいの」と訴える入居者さんがいました。入居者の方は他にもたくさんいますし、施設のスタッフもいますから独居生活のような寂しさはないのですが、それでも「私、お友だちがいなくてとっても寂しいの」と言っていました。

それまで友だちがたくさんいた人の場合、友だちと呼べる相手がいない、というだけで悲しい気持ちになってしまうようです。

友だちがいないことは不幸なことではありませんが、その入居者さんは私の顔を見るたびに、「お友だちになってくださる?」と懇願していました。

今は若くて体も動いて、友だちがたくさんいるという方も、家族に囲まれてワイワイ賑やかだという方も、遠い将来に備えて孤独だけは、早いうちに克服しておいたほうがいいと思います。

高齢者になってから、ただでさえ体がしんどいのに、そのうえさらに孤独も我慢する、孤独に慣れるというのは結構ハードです。

ひとりでいても別に悲しくない、楽しく過ごそうと思えば過ごせる、そういう強さは若いうちに学んでおいたほうがいいですよ、というのが、介護の現状を見ている私からのアドバイスです。

見方を変えれば悲劇も喜劇になる

利用者さんにDさんという、独居の80代女性がいます。Dさんは骨粗しょう症で腰が悪く、家の中は歩行器を使用して歩いていますが、外出時は車イスを使っています。

近くに娘さんが住んでいて、この娘さんが仕事で大変忙しく、そのせいでイライラとDさんに当たり散らすことがあるものの、こまごまとお世話をしているので生活に不自由はありません。

そんなDさんとのおしゃべりから思わぬ学びがありましたので、そのことをお話ししたいと思います。

お正月の2日にDさん宅に伺いました。私の到着を待ちかねていたのでしょう、新年の挨拶もそこそこに、Dさんがすごい勢いでしゃべり始めました。

「ちょっと聞いてくれるかー、新年早々、大変やったんや！　昨日家に着いたん、夜の11時過ぎやで！　アンタ、ちょっとどう思う〜？」

と、おめでたいお正月からDさんは文句たらたらです。Dさんから聞いた、元旦に起こったアクシデントの様子はこのようなものでした。

元旦の朝、娘さんの提案で車で30分ほどの山の中にある温泉に日帰りで行ったそうです。この日、朝はとてもよいお天気で晴れていましたが、夕方から雪が降りました。

久しぶりのドライブをして、おいしい昼食を食べ、温泉にゆっくりつかっていると、雪が猛烈に降り始めたのだそうです。山の中ですからその勢いは激しく、ヤバイヤバイ、はよ帰ろう、と慌てて温泉施設を出たと言います。

道はすでに積雪しており、少し走った山道の本当にど真ん中で、なんと車が止まってしまったということでした。娘さんは修理工場に片っ端から電話をしましたが、なんといってもその日は元旦です。どこも閉まっています。

仕方なく警察に連絡して事情を話し、なんとか手配してもらったそうですが、その場で修理はできず、結局、レッカー移動になったそうです。修理工場の人の車で駅まで送ってもらい、無事帰ってきた、ということでした。

ローカル電車は1時間に1本で、寒いし腰は痛いしで大変な目にあった、あー、しんど、あー、腰いた、もう二度と温泉には行かへん！　ということをプリプリしながら延々と話していました。

思いっきりグチり尽くしてDさんが落ち着いた頃、

「車の故障は娘さんのせいじゃないのに、娘さんは悪いことをしたと思ったでしょうね～」

と言うと、

「んー、悪い思たんかな、えらい優しーてなぁ、お母ちゃん、寒ないか？　腰大丈夫か？　って気遣ってくれたがな」

と少しDさんの顔がほころびました。

「娘さんが優しかっただけでも良かったじゃないですか」

「まあ、悪い思たんちゃうか～？　せやけど、大丈夫かって言われても、寒いやろ？　待つのも長いし……」

お母ちゃん、悪かったなぁ、ごめんな、と心配する娘さんに、Dさんは突然こう言ったそうです。

「おしっこ……」

あっはっはー、と私はここで爆笑してしまいました。娘さんは、えええーっ!?　という顔をし、その後「……」と数秒間、黙っていたそうですが、その顔にはでかでかと「今？　ここで？」と書いてあったそうです。しかしDさんは高齢ですので、我慢を強いることはできません。

「わかった、お母ちゃん、ここでしー」と、娘さんは車のドアを開け、ドアと車体と山の斜面、そして自分が立って壁を作り、その隙間でさせてくれたそうです。雪はしんしんと降り続き、娘さんは傘をDさんにさして自分は濡れていたそうです。

「できた娘じゃないですか～」

「それがな、寒いやろ？　長いこと我慢もしてたやろ？　これがなかなか止まらへんがな」

あっはっはー、と聞いてる私は大爆笑です。

「じょんじょんじょん、いつまでも出てなぁ、娘も雪で自分の頭が濡れるやろ？　まだ出るかぁ？　みたいな顔してたわ。何も言わへんかったけど」

ひひひー、お腹痛いです、と笑っていると、Dさんもこらえ切れなくなったのか、くっくっくと笑っています。

修理工場の人の車に乗るときも先にDさんが乗り、娘さんがトランクに車イスを載せていたら、なんとそのままブーッと発車したそうです。「あ、娘がまだ！　乗ってへんよ」とDさんが言っても、警察の人と携帯で会話中のおじい（Dさんが名付けました）は、気づかずにかなりの距離を走ったそうです。

「おじいやったから、耳も遠なってるやろ？　携帯の話がすんでから、は？　娘さんは？　乗ってませんやん、ってこうやで。だーかーらー、私、何回も娘が乗ってませんって言うたやろ、って話や！　おじい、あかんわ、人の話、聞いてへん」

「あっはっはー、私、そのおじい好きですけどね。でもDさん、すごい経験をしましたねぇ。一生、忘れませんねぇ」

「そうやなぁ」と言っているDさんの顔は微笑んでいます。

「来年の今頃、またこの話をしてますよ、私たち。そんで、また大爆笑してるんちゃいます？」

「去年はえらい目におうたわー、ってやろ？」

と、Dさんも楽しそうに答えます。

「面白くて貴重な体験ですよね、こんな楽しい話、私だけじゃもったいないから、他の人にもしてあげてくださいね」

「ホンマ、貴重な体験やで」

Dさんは、最初は「しんどかった、つらかった」と腹立たしい雰囲気で文句を言っていた出来事を、今では笑い話としてしゃべっているのです。そのときはつらく大変だったことも、過ぎてしまえば笑い話に変えることもできます。

過去のいやな思い出をひとつでも多く笑い話に変換することができれば、人生のページに、いい思い出や楽しい思い出が増えるのではないでしょうか。

いいお手本の真似をする

本を読んだり映画やテレビを観ていると、「あ、この言葉いいな！」とか「この考え方は素晴らしい」「素敵な生き方だな」と感動するものに出会える瞬間があります。

そういうものは探せば見つかるというものではなく、見たり聞いたりした瞬間に魂が反応して、手に入れられるものだと思います。

そういった中で尊敬する人物が見つかることもありますが、その人の人生丸ごとすべてを尊敬するというのはなかなか難しく、しかもその人の全部というとなかなか覚えにくく、心に焼きつけておくのが容易ではありません。

そこで私は、生き方のこの部分、ここの考え方など、素晴らしいと感じる部分を小分けにしてたくさん見つけ、心の引き出しに入れるようにしています。

それをたまに取り出して、自分の生き方を見つめ直し、この部分が自分にはちょっと足りないからこうしようとか、おお、そういえばこういう考え方があったなとか、自分をより深める材料にしています。

また、すごいと感じた考え方や生き方は真似したいとも思います。そのようなお手本をたくさん見つけることは、人生を豊かに生きる秘訣といってもいいと思います。

この〝いいお手本を見つける〟考え方とは逆で、たとえば意地悪をする人が周囲にいた場合、その人を反面教師にするといい、という考えを聞いたことがあります。

しかし、「あの人って意地悪だよね、私はそんなことはしないわよ」という気持ちには、なんだかちょっと良くないものが含まれているような気がします。

そして、その考えの場合、反面教師となる人のことを、時々でも見ておかなければいけないわけで……意地悪するシーンなんかも、教材として覚えておかなければなりません。

要するに、ネガティブなものをたくさん心の中に置くことになります。

それよりも、素敵な人を見つけてお手本にするほうが前向きですし、気持ちもいいし、実行しやすいのではないかと思います。

利用者さんにEさんという90歳の女性がいますが、Eさんも私がお手本にしたい〝考え方〟を持っている人のひとりです。

Eさんのサービスは主にデイの送り迎えで、私がお宅に伺うのは夕方のお迎えがほとんどです。

「Eさん、お帰りなさい。今日のデイはいかがでした？」

と聞くのですが、Eさんはいつも笑顔で、

「ただいま〜。今日はね、すっごくいいことがあったのよ〜」

と、その日あった〝いいこと〟を教えてくれます。

「今日はね、おやつにドラ焼きが出たの〜。私、ドラ焼きが大好きなのね、だから嬉しかったわ〜」

別の日の〝いいこと〟は、

「今日はね、カラオケを歌ったの。そしたらねー、隣に座ってた男性の方がね、『○○さん、こうやってマイクを持つと、もっと声を拾えるからこうしなさい』って教えてくれたの〜」

でした。〝いいこと〟は日によってまちまちですが、〝いいこと〟を話しているEさんはとても嬉しそうで、聞いている私まで幸せな気持ちに包まれます。

そしてここが素敵だなぁと思うのが、

「今日も〝いいこと〟があったでしょ？　だから今日も幸せな日だったわ〜」

という考え方です。

1個でも〝いいこと〟があったら、その日は幸せないい日である、というのがEさんの人生哲学です。それは大きな出来事ではなく、おやつが美味しかったとか、デイのスタッフがお洋服を褒めてくれたとか、デイのゲームで1等賞だったとか、そういう小さな〝いいこと〟で十分、それが1個あればもう今日は素敵な日でした、神様、ありがとう、というものです。

Eさん方式でいくと、ほとんどの日が幸せな日となって、気づけば幸せな日だらけの人生になっているわけです。

私はこの話を聞いたときに「なんて素晴らしい考え方なのだろう！」と思いました。さっそくお手本にさせてもらおう、と。

すると、1日の中には〝いいこと〟が意外とたくさんあることに気づきました。朝の通勤電車が空いていた、利用者さん宅で大笑いして楽しかった、お昼にケーキの差し入れがあった、自転車移動の日に予報が外れて雨が降らなかった、気づくとスーパーのポイントが貯まってて得をした、うわぁ、なんて素敵ない日なのかしら、今日は！　となります。

時にはネガティブな出来事に気を取られていいこと探しを忘れていることを反省するときもありますが、このように身近にいいお手本の人がいると、うっかり忘れていても、会うたびに思い出すことができますから、真似したい部分をしっかり身につけていくことができます。

このように、この人のここの部分は素晴らしいと思えるところは、どんどんお手本として真似をするといいと思います。そこからまた別の発見があったりして、思わぬ良い方向に広がっていくこともあります。

ひとつでも多くのお手本を見つけるためには、本や映画、テレビ、旅、人との会話など、いろんなことに興味を持つことも大切かと思います。

特に高齢者の方は、長い年月をかけて形成した独自の人生哲学をお持ちで、そこにはたくさんのお手本が詰まっており、そういった高齢者のお話を聞くこともお手本ゲットの近道だと思います。

言霊Ⅰ　口約束の重み

〝言霊〟という単語をどこかで耳にしたことがあると思います。

私も、「口から出した言葉には霊力が宿る、だから話す言葉には気をつけなければいけない」ということは、知識としてずいぶん前から知っていました。

私の場合、暗示にかかるような言葉は言うまい、と、こちらを常日頃気をつけているので、ネガティブな言動はあまりしないのですが、意外とネガティブな言葉を言っている人が多く、それが〝言霊〟現象を起こしていることもよく見かけます。

たとえば、以前、勤めていた職場の同僚は、

「年取ったらダメね、あちこちガタがくるよね」

と、口癖のように言っていましたが、その言葉通り、いつもどこかしら調子を悪くしていました。また、こういう例もあります。

「私、イケズ（意地悪）やねん」
と、冗談めかして自分のことを言っていた人がいましたが、本当にその人は意地悪な発言が多いのです。こうした〝言霊〟現象を目にするたび、口から出す言葉は慎重に選ばなければいけない、と思っています。

この言霊でうっかりしやすいものに〝口約束〟というものがあります。

つい、その場のノリで言ってしまい、本人は言ったことを忘れてしまったとしても、後々、その口約束が現実になってしまうことは意外と多いです。

私には弟がいますが、私と弟は結婚をしたのが一緒の年でした。

弟は9月挙式で、私は12月だったのですが、挙式なんぞは先を越されても全然かまいません。ですが、私のほうが年上のため、出産は先を越されると猛烈に焦るだろうなぁ、と思いました。焦ってしまうとそのストレスで、私には子どもができないのではないか、という不安もありました（実は私はかなり小心者なのです）。

そこで私は弟に、「子どもは私が先でもいい？」と聞きました。弟はのんびりした温厚な性格なので、深くは考えず「いいよ。オレんとこはあとで」と言ってくれました。

私はその言葉を聞いて、「やったー。よかった、ありがとう！」と、ものすごくホッとしました。

結局、私はなかなか子宝に恵まれず、息子ができたのは結婚してから4年後のことでした。

軽い口約束だったにもかかわらず、約束は果たされて、弟のお嫁さんが出産したのは、私が息子を産んだあとのことでした。私が出産した直後に妊娠がわかったという、そこまで忠実に守らなくても……と思うくらいのタイミングでした。

ちなみに、弟のお嫁さんは第2子も出産していますので、私のように妊娠しにくいタイプではなく、やはり約束を守ったとしか思えないのです。

私自身が軽い気持ちで口約束をしてしまったことが現実になったこともあります。韓流ドラマ『冬のソナタ』が流行っていた頃ですから、ずいぶん前のことです。

私は海外旅行に行くときはたいていひとりで出かけますが、友達のF子はレストランもひとりでは入れないタイプです。

そのF子は『冬ソナ』の大ファンで、いつか韓国に行きたいと言っていました。そして、初海外旅行は慣れた人と行きたいということで、「そのときは、一緒に行ってくれる？」と聞かれました。

当時、そんな計画もなにもなく、本人も子どもの学費を稼がないといけないから卒業までは無理と言っていたし、〝いつの日か〟の夢の話なので、私は軽く「うん。いいよー。行くときはいつでも言って」と口約束をしました。

それから少しして、F子は急に「私、韓国に行くねん！　もう決めた」と言いだしました。

実は、私は『冬ソナ』を一度も見たことがありませんでしたし、そのときはアジアの地域に興味がありませんでしたから、「え？　本気で行くの？」とちょっと困った気分になりました。

しかし、約束をしてしまった手前、今さら「ごめ～ん」とも言えません。結局、F子とふたりで韓国に行ってきました。それはそれで楽しかったし、笑える話もたくさんあるからいいのですが、費用が高額な南米などでなくてよかったぁ、としみじみ思いました。

このように、「どうせ実現するはずないから」、「ただの口約束だから」という軽い気持ちで約束をするのはやめておいたほうがいいと思います。

もっと深刻な実例もあるのですが、とにかく、口約束に相手の思いが加わると、言霊はより威力を発揮するように思います。

つまり、口約束を相手が信じて、安心し、「うれしい！　よかった！　ありがとう！」と思うと、その口約束は宇宙の法則に組み込まれ、自動的にスイッチオンになる、というシステムのような気がします。

できないことは、たとえ仮の話であってもＯＫしないほうがいいと思います。

言霊Ⅱ　ネガティブな言葉の魔力

言霊で気をつけなければならないのは、どうやら自分が発する言葉だけではなさそうです。他人から言われるネガティブな言葉にも気をつける必要がある、と私は思っています。

でも、たいていの場合、相手は悪気なくその言葉を言っています。というよりも、自分がネガティブな言葉を放っていることに気がついていません。だからその分、ちょっとやっかいです。

事の発端はポットのお湯でした。

当時、働いていた介護施設の休憩室には、ポットが1台置いてありました。先に休憩したグループの何人かがカップ麺を食べると、ポットのお湯はほとんどなくなります。前半グループの誰かが水を足しておかなければ、あとから休憩する人全員分のお湯はない、という状態になってしまいます。後半の休憩で私がお湯を使おうとしたときに、ポットのお湯が切れていることがよくありました。

後半でもさっさと先に使えばお湯はありますが、そんなポット事情がわかっていますから、我先にとお湯を使うことに抵抗がありました。つい遠慮していると、空っぽのポットに遭遇する場面が多くなるわけです。

その日もポットからはお湯が出てきませんでした。そこでポットに水を入れ、沸くのをじっと待っていたら、「識子さんて、ホンマ、〝貧乏くじ〟引くよね～」と言われたのです。

「び、貧乏くじ？」

私は「久々に聞いたわ、その単語」と思いました。なんてインパクトのある言葉なんだろう……逆の意味で……とも思いました。

「なんかさぁ、識子さんって、貧乏くじ引くイメージなんだよね～、人がいいから」と同僚は褒めているつもりなので、悪気はまったくありません。

私も全然、気にしていませんでしたが、頭の中ではしばらくの間「貧乏くじ！」

と、なぜかビックリマークつきで、この言葉がグルグル回っていました。それからです。私が貧乏くじのスパイラルに巻き込まれたのは。

何日かあとのことです。

その日、廊下を歩いていると、入居者さんを乗せた車イスを押している同僚が正面から歩いてきました。そのすれ違いざまに入居者さんが私に自分のメガネを差し出してきたのです。

私は思わず手にとり、なにげに見てみると、メガネの片方の柄が、根元からポッキリと折れていたのです。

結局、そのメガネの事故報告書は、うっかり受け取って最初に壊れたメガネを触った私が書くことになりました。本来なら車イスを押している同僚の仕事だったのです。

事故報告書には、事故はどの場所で、何時何分に発生したのか、誰に関しての出来事か、その人の介護度、生年月日など、事細かく丁寧に詳しく書く必要があります。さらに、発生状況の絵も書かなければなりません。

正直言って、非常に面倒くさい書類です。記入するのに時間がかかるため、勤務が終わってもすぐには帰れません。

入居者さんの横を通っただけで、この報告書を書くハメになり、入居者さんには「この眼鏡、壊れていますね〜。修理に出しておきますね」と笑顔で言いつつ、心ではツイてないなー、と思いました。

車イスを押していた同僚が、「ホンマやったら、事故報、私が書くところやったのに、識子さんが横を通ったおかげで、助かったわぁ〜」と言いました。そして「識子さん、貧乏くじ、引くよねぇ〜」とつけ加えました。

「キャー！　またその言葉を言う？　やばい、今度は貧乏くじが頭の中でグルグルしないようにしなければ！　この言葉にはなんか魔力がありそうだし！」と思っていたら、次の出来事が起こりました。

その日、私は認知症の女性入居者さんのトイレ介助をしていました。

入居者さんがズボンと下着を降ろしてトイレに座ろうとしたとき、その横に立っていた私は、突然、ガツーン！　というものすごい音を聞きました。と同時に、脳天が割れるようなすごい衝撃を受けたのです。

なんと、天井に設置していた大きな突っ張り棒が私の頭を直撃したのです。入居者さんに当たらなくてよかった、当たったのが私でよかった、とそこはホッとしました。

でも、その洗面所の突っ張り棒の真下、さらに、棒が落下する、ちょうどその時間にそこに居合わすなんて、一体どれくらいの確率なのでしょうか。たまたま居合わせた、とはいえないほど低い確率だと思います。

しかも、また、あの七面倒くさい事故報告書を書かなければなりません。

「識子さん、また貧乏くじ引いたんやてー？　大丈夫？　ホンマ、ツイてないなぁ～」と同僚がこの話を聞いて同情してくれました。

心配してくれていて悪気はまったくないのですが、言葉がネガティブです。この言葉を受け入れたら、また貧乏くじを引きそうな気がしました。

こうも被害をこうむると、言霊の力を無視するわけにはいきません。〝貧乏くじ〟は、まるで呪文のようなパワーを持っています。

とりあえず解決策としては、この言葉を否定することだと思いました。

ひとりになったときに、

「私はそんな、まがまがしいくじは引きません！」

「私が引くのは当たりくじだけです」

「私は絶対にツイています！」

と、口に出して言い、同僚が言った言葉を打ち消しました。

それ以来、事件は起こりませんでしたし、不思議とポットのお湯が私のところで切れていることもありませんでした。

そうなると同僚も貧乏くじという単語は使わなくなり、負の連鎖から抜けることができたのです。

もしも、誰かにネガティブな言葉をかけられたら、この方法を試してみるといいです。ネガティブな言葉を打ち消すフレーズを声に出して言うのです。

それは転ばぬ先の杖となって、きっと災難を防いでくれると思います。

私が日々、心がけていること――霊格を上げる――

第一章でも触れましたが、人がこの世に生まれてくるときに、達成しようと計画するもののひとつに〝霊格を上げる〟ということがあります。

人間はこの世という、あちらの世界では体験できないことがたくさんある場で、いろんな感動を味わったり、さまざまな人生勉強をし、霊格を上げ、輪廻転生を繰り返しながら、神々しい魂へと霊格をレベルアップさせていくことを目指しているわけです。

そして、その大事な霊格を下げないために人に備わっているのが〝良心〟です。つまり、良心とは、いってみれば霊格を保つための警告機というわけです。

たとえば、何か悲惨な事件をニュースで見ると、悲しい気持ちになると思います。でもそれは、こういうニュースを見たら悲しい気持ちになりましょうね、と教えられたことではありません。みんなが自然とそう思う、それも悲しくなろうと意図してなるのではなく、気づくと心がすでに〝悲しくなっている〟のです。

ということは、これは心、魂に組み込まれた感覚であり、絶対神が与えてくれたものなのです。それと同じで、自然と湧きあがってくる「これはやっちゃダメだよね？」という良心の感覚も絶対神によって与えられたものなのです。

誰も歩いていない道路で空き缶を捨てたとしましょう。すると、この警告機の赤ランプがピカッと点灯します。

「こんなところに空き缶を捨てたら、誰かこれを拾う人がいるわけで……その人に迷惑をかけるなぁ」と思います。良心がNGだと言っているのです。でも、ま、いっか、とこれを無視すると霊格が下がります。

例え話は続きます。そのまま道を歩いていたら、おばあさんがスーパーのレジ袋を道にひっくり返して、落とした豆腐だのみかんだの買ってきたものを拾っています。腰が痛いのか拾う作業がしんどそうです。

「手伝ってあげなきゃ」と思います。でも、なんだか照れくさいし、善人ぶっているると思われそうだし、拾うものはあとちょっとでおしまいだし、ま、いっか、と素通りします。警告機の赤ランプはこうこうと点灯しています。

このように赤ランプを無視するたびに、霊格がどんどん下がっていきます。そういうときは、絶対神によって矯正が行われます。

たとえば、人を批判すれば、人から批判されるような状況が必ずきます。それによって、「人を批判するのはよくないことだからやめよう」と、本人に気づきを促すわけです。

場合によっては、試練のような出来事を与えられて人生の軌道修正が行われることもあります。第一章でも触れましたが、病気や経済面での苦境など、なんらかのアクシデントによって自分の間違いに気づくように仕向けられることもあるのです。

ですから、〝日々、自分の良心に従って生きる〟ということが大切なのですが、知っておかなければいけないのは、この〝良心〟は、人によって赤ランプの点灯するポイントが異なる、ということです。

嘘をつく、悪口を言う、人を妬む、人を見下す、人を羨む、意地悪をする……などは、誰にとっても良心に背く行為といえます。

でも、たとえばレストランで食事を終えたあと、テーブルを散らかしたまま帰ったり、壊れた傘を捨てるのが面倒くさいからとコンビニの傘入れに置いたまま立ち去るのはどうでしょうか？

どちらも「それって、しちゃいけないことだよね」と思うなら、その人にとってはどちらも良心に背く行為といえます。

でも、「レストランのほうは普通でしょ。ウエイトレスはテーブルを片づけるのが仕事だし」と思うなら、その人にとっては良心に背く行為ではない、ということになります。

ですから、自分の良心はどういうところで痛むのか、どういうところで罪悪感を持つのか、といったことに注意深く意識することが大切なのです。

実は、霊格が上がっていくと警告機の感度も上がっていきます。良心のジャッジが厳しくなるのです。

ここで大事なのは、自分にとって良心が痛む行為を人が平気でした場合、絶対に批判をしてはいけない、ということです。

たとえ心の中ででも「平気でするなんて、この人きっと霊格が低いんだわ」などと人を見下したり、「私はしないけどね」などと優越感を抱くのもよくありません。こういう感情を持ってしまうと、霊格が一気にドーンと下がってしまいます。

あくまでも〝自分の良心に従う〟ことがポイントで、自分のことだけでいいのです。

他人の良心のことまで考えないようにします。

また、悪口を言うのは霊格を下げる行為とわきまえて、自分では言わないようにします。でも、自分では言わないように気をつけていても、人から聞かされる状況というのは誰にでも必ずあると思います。

この場合も、悪口を言う人に「悪口なんか言って、だめじゃない」と偉そうに非難すると、霊格が下がってしまうので気をつけたほうがいいです。

悪口を言ってくる人も、何か気に障ることをされてつらかったはずですし、自分ではどうにも処理できないそのストレスをなんとかさせたくて悪口を言いに来るわけですから、「人の悪口は聞きたくないんだけど」と突き放してしまうのもかわいそうです。でも、かといって一緒になって悪口は言えません……。

こういうときは、「へぇ〜。そんなことあったの？　知らなかった〜」という感じで、「へぇ〜」「そうなんや〜」「ふーん」と、〝肯定も否定もせず〟に、聞き流すようにするのがいちばんの方法だと思います。私はいつもそうしています。

相手の言うことにたとえ肯定はしなくても、言いたいことには耳を傾けているので、相手は「しっかり聞いてくれる」と思ってくれます。

日々、良心に従って霊格を上げていくと波動もだんだん上がっていきますから、悪い霊がよりつかなくなりますし、何より、神仏とつながりやすくなっていきます。

ですから、「これってどう？」とちょっとでも良心が疼《うず》くようなら、そういうことは避け、日頃からポジティブな言動をしたり、感謝したり、感動を味わったり、神社仏閣に行くなど、波動を上げることを心がけるといいと思います。

第六章

神仏とのつき合い方

神社参拝の基本マナー

――識子流・神社参拝の作法と心得――

神社参拝の作法はいろいろな本に書いてあります。ここでは、〝私の〟基本マナー、願いを叶えてもらいやすい参拝方法を紹介したいと思います。

神様は大きく分けると、平野部の神様と山岳系の神様に分かれます。山岳系の神様という言い方は私なりの表現ですが、高いお山にいらっしゃる神様で、平野部の神様と成り立ちが違うというか、種類が違います。この神様がいらっしゃる神社は、山の上や中腹にあったり、ふもとに拝殿がある神社だったりします。

まず、神社の神域に一歩入ったら（平野部の神社は最初の鳥居をくぐったら、山岳系神様なら山を登り始めたら、そこはもう神域です）自己紹介をし、なぜここに来たのかとか、叶えてほしいお願いの内容などを詳しく具体的に話します。声に出さず、心の中で神様に話しかけてＯＫです。

自己紹介は、どこから来たのか住所と名前を言います。また、普段よくお参りしている神社があるなら、そこの神様にお世話になっていますと、神社の名前も告げるといいと思います。

参道は、ど真ん中を歩かず、友達と一緒の場合もおしゃべりしないで静かに進みます。参道ではお願い事の説明をしながら、ありがたい神域の波動をいただきます。

お手水で手と口を清めて本殿前に立ったら、お賽銭は放り投げずに、滑り込ませるようにそっと静かに入れます。

鈴は鳴らさなくても鳴らしてもいいのですが、力任せにガラガラガラッとものすごく大きな音で鳴らすのはおすすめしません。ちなみに私は、鈴は鳴らさないことが多いです。

そのあと、一般的には「二礼二拍手一礼」ですが、私は「二拍手、祈念、二拍手、一礼」です。これはあくまでも私方式ですので、もちろん「二礼二拍手一礼」でもいいです。祈念のときには神様に感謝しながら、もう一度、丁寧にお願いをします（自己紹介はすでに済んでいますので、ここではしません）。

これで本殿でのご挨拶、祈念は終わりですが、お参りが終わったからとすぐには帰らず、しばらく境内をブラブラして、いい気をたっぷり浴びます。神様の波動で自分の波動を上げてもらうのです。

帰るときは鳥居までの参道を静かに歩きながら「今日はお参りさせてもらってうれしかったです。ありがとうございました」と、神様に話しかけます。

また来る予定があるなら、それも告げます。

ただ、神様との約束は絶対に守らなければいけませんので、また来ますといったら必ず行かないといけません。特にお稲荷さん系の神社は厳守です。

そして、お願い事をして叶えていただいたときには、後日、お礼に行きます。お神酒を奉納するのもいいですし、手ぶらでもかまいません。

参拝には行っても、わざわざお礼に行く人は少ないので、お礼を言いに行くだけでも神様はとても喜んでくださいます。

神社のタブー

まず、神社参拝の時間についてですが、夕方の参拝は避けたほうがいいです。午前中に行くのがベストです。

特に山岳系は午前中、12時までに山頂に登ることをおすすめします。遅くても、14時半くらいまでには参拝し終えて下山を始めているのがいいと思います。15時になると神社の気が変わってきますので、私は夕方は参拝していません。

また、神社の神様は〝血〟と〝死〟を穢《けが》れとして嫌います。この穢れは、汚れているとか汚いという意味ではありませんが、神様が苦手とすることなのでタブーとなります。

まず〝血〟のほうですが、神社に行く直前にケガをして、血をだらだら流しながら参拝に行く、ということはないと思いますが、生理中の女性は注意が必要となります。生理中に神社に手を合わせるのは、神様に対して失礼に当たるからです。ですから、女性はそういう日は残念ですが、神社に行くのは遠慮したほうがいいです。

平野部の神社の場合は境内に入るくらいなら許してもらえるかもしれませんが、平野部でも神格の高い神社の場合は、鳥居をくぐるのもダメです。力の強い山岳系の神社の場合は、山に登ることもしないほうがいいです。

また、生理中に神社に行っても神様は怒ったりしませんが、そこに厳しい眷属《けんぞく》（簡単に言うと神様の子分。自然霊であるヘビやキツネ、天狗、龍などの神獣のこと）がついている場合は、眷属が参拝させないようにすることもあります。

これは、私の身内の話です。

従妹が16歳のとき、私の母と叔母と4人で故郷の山岳系神様の山に登ったことがあります。

従妹は生理中でしたが、祖父母が信仰し、子どもの頃から登っている縁のある神様ですし、しかもまだ子どもだから「大丈夫だろう」と母も叔母も軽く考えていました。

しかし、従妹は登山口の鳥居の手前で思いっきり転倒し、手がすりむけて血が出るくらいの大きな代償を払わされました。

容赦ない仕打ちは眷属がやったのですが、生理中の参拝はそれほど失礼なことであり、ルール違反になるのです。

〝死〟については、身内に不幸があった場合は、一定の期間、神社に行くのは見合わせたほうがいいです。

親、配偶者、子どもなどの場合は、四十九日間、それ以外の親族の場合は三十三日間、参拝は遠慮します（この日数は宗教によって違います）。

生理中と忌中は神社に行かない、というのは最低限の礼儀として覚えておいたほうがいいと思います。

氏神や産土神《うぶすながみ》は怖い？

ブログ読者の方からは、氏神様に関する質問が時々届きます。

「神社に行くのは好きですが、氏神様には参拝したくない気持ちが起こります。無理してでも氏神様には参拝しないといけないのでしょうか？」

「氏神様にはお参りしないといけないと聞きました。でも、氏神様の境内がなんとなく怖いのです。行かなかったらバチが当たりますか？」

「今まで氏神様には行ったことがありませんが、先日、霊能者に、氏神様が怒っている。いちばん守ってくれるのは氏神様だからすぐにお参りに行くように、と言われました。これは本当ですか？」

他にもいろんな質問をいただいています。

氏神様というのは、その地域を守る神様です。昔は藤原氏や物部氏といった氏族を守る神様だったのが、時を経て地域一帯を守る神様になったようです。

結論から言うと、その地域に住んでいるからといって、必ず参拝しなければいけない、というわけではありません。

行けばご加護がもらえるだろうとは思いますが、行かないからといって失礼になるわけではないですし、神様が怒ったりすることもありません。

実は、私を守ってくれている生まれ故郷の山岳系の神様は、その土地の氏神様ではありません。もともと私には氏神様に参拝するという習慣がないどころか、大人になるまでその存在さえ知りませんでした。

祖父母も同じ地域に住んでいましたが、氏神様に参拝したことはありませんし、両親も同じです。

父の転勤で引っ越しを何度かしましたが、引っ越した先の氏神様にもお参りしたことはありません。

だからといって、氏神様に怒られたことはないですし、もちろん障りなども一切、ありません。

氏神様のことを知ったのは、2回目の結婚をしていたときです。そこで、そのとき住んでいた地域の氏神様に参拝に行ってみましたが、なんとなく自分とは合わないと思いました。

その頃はまだ声などは聞こえていませんでしたから、感覚だけですが、行ってもワクワクしないし、どよーんとした重たい気分になるので、何回か行ったあと、参拝するのはやめてしまいました。

氏神様といえども、波長が合わないこともあるのだな、とそのとき思いました。

その後、離婚をし、今の地域に引っ越してから、この地域の氏神様を期待せずにふらっと訪ねたところ、ここの氏神様とは波長が合うことがわかりました。

ですので、今はこの神社にときどき行っていますが、氏神様だから行くのではなく、波長が合って好きな神様だから行く、という感じです。

ブログや本でこれまでたびたびお伝えしてきましたが、大好きだと思える神様、波長が合う相性のよい神様にお参りするのがいちばんです。

自分が好きだと感じる神様は、神様のほうも好意を持ってくださっているので、ご加護をもらいやすいのです。

また、産土神についてのメッセージをいただいたこともあります。

そのメッセージには、こう書いてありました。

「マイ産土神が運気を高めてくれるというのは本当ですか？」

産土神というのは、氏神様がその土地で生まれ育った者を守護するという意味で、氏神様のことを視点を変えて表した言葉です。

つまり、その地域で生まれた人は氏神様とは言わず、その神様を産土神と言うわけです。

縁をいただいていればしっかり守ってくださるでしょうが、運気が上がるかどうかの部分はお答えするのが難しいです。

私の生まれ故郷の氏神様＝私の産土神に参拝に行って運が上がるかというと……、それはないかなと思います。

でも、通っているとご加護がもらえるようになるでしょうから（その神様と

波長が合わない場合は別です)、それによってお願いも聞いてもらいやすくなり、結果的に運が良くなったという解釈はできるかと思います。

でも、これは産土神や氏神様に限ったことではなく、どこの神社でも同じです。

ですので、氏神様と波長が合わないと感じた方は、無理して参拝しなくてもいいと思います。

自分と合う神社、自分が大好きだと思う神様にお参りするのがいちばんだと思います。

お守りの役目

「あちこちの神社のお守りをいっぱい持っていると、神様同士がケンカするからよくないと聞きました。これは、本当ですか？」

ブログを読んでくださっている方々からは、時々、お守りについての質問もいただきます。

まず最初にお伝えしたいのは、お守りの中に神様が入っているわけではありません。そして、超高級霊の神様はケンカなどしないです。

では、お守りとは一体、何なのでしょうか。

実は、お守りとは神様がその人の所へ行くための目印なのです。

神様にご縁をいただいている場合（※詳細は後述します）は、神様はその人がどこにいるかわかりますので、何か緊急で困ったときに「助けてください！」

とお願いすれば、神様は一瞬で来てくださいます。

でも、ご縁をいただけていない場合は、目印を持っていないと神様はその人がどこにいるかわかりません。また、緊急時の声も届きません。

いわば、お守りは緊急時の小型通信機みたいなものなのです。

何か緊急で困ったことが起こったときに、「神様、助けて！」とお守りを握って強く念じると、神様はお守りを目印に飛んで来てくれます。

緊急時とは、たとえば女性が深夜遅く歩いていて変な男がついて来たとか、山歩きをしていて道に迷ってしまい、どうしようもなくなったときとか、お金やカードをたくさん入れていた財布をうっかり落としてしまったとか、そういう場合です。

そんなときの「神様、助けて！」の声は、強力な念力を発します。ですから、そのときにお守りを通してピンポイントで神様に助けを請うのです。

ここまで読んできて、「あれ？　お守りって結界みたいな感じで、悪いものから守ってくれるんじゃないの？」と思われた方もいらっしゃるかと思います。

でも、残念ながら、お守りには結界を張ってくれるほど強いパワーはないのです。

お守りは、神前で事前に祈祷されていますので、その神社の波動をまとっています。でも、かなり弱いのです。

微弱ですが、もちろん人を守る力はあります。でも、悪霊を祓うとか、結界を張って寄せつけないとか、そこまでの強力な力はない、ということです。

普段の扱いについては、カバンにつけてもいいですし、部屋に置いておいてもいいです。時々手に取って神社の〝気〟や波動を感じたりするといいと思います。

知っておいたほうがいいのは、お守りはこの〝気〟や波動を半永久的に放つわけではなく、効力は徐々に失せていってしまうということです。

ですから、お守りに効力を期待するのであれば、半年か、最低でも1年たったら取り替えたほうがいいでしょう。

その際、前のお守りはゴミとして捨ててはいけません。いくら塩を振って清めたとしても、ゴミとして捨てるのはよくありません。

大きな神社に行くと納札所という、古いお札《ふだ》やお守りを納める場所がありますので、そこに持って行きます。

年末年始なら、どこの神社でも納札所を設けてありますので、大きな神社が近くにないのなら、年末年始まで待ってもいいでしょう。

効力がなくなるだけで別に悪いものに変化するわけではありませんから、1年経ってしまったからといって慌てて処分しなくても大丈夫です。

こういった際、「納めに行くのは、お守りをいただいた神社でなくてもいいの？」と悩むと思いますが、どこの神社に返しても差し支えありません。

また、人からいただいたお守りでも、頼んで買ってきてもらったお守りでも、お守りとしての効果は自分が買ったお守りと変わりません。お守り自体がそういう性質のものだからです。

ただし、必要以上にお守りをたくさん〝一緒に〟持つのはおすすめしません。

お守り同士がケンカする、ということはありませんが、波動がゴチャゴチャになるからです。

これは、実際に試してみました。

1個だけ持つとその神社の波動を感じられるのですが、いっぺんに3個ほど持ってみたところ、3個の波動がいっしょくたになってしまい、混線状態のような感じを受けました。

混線状態の中から1個を握って、「神様、助けてください！」と念を飛ばして、それがしっかり届くかどうか。これはちょっと微妙だな、と思いました。

半年近く経っていて、そのお守りの効力が薄れているのであれば、なおさらだと思います。

ですので、オススメは〝自分が合うと思う神社、もしくは、力が強いと思われる神社のお守りを1個だけ持つ〟ことです。

いくつかお守りを持っているのであれば、その日の自分の直感で1個だけ選び、それを身につけるといいと思います。

また、先ほど〝お守りの波動は弱い〟と書きましたが、これを強める方法がありますので、最後にそれをお伝えしたいと思います。

神社に行ったら、参拝する前にまずお守りを買い、そのお守りを持って本殿に参拝します。

どのようなお守りを買えばいいかというと、これは自分の直感が選んだものを迷わず買います。

社務所にはずら～っと、いろんな種類のお守りが置いてあります。そこへ行って、サーっとひと通り見渡して、「これだ！」と思ったものを買うのです。合格祈願のお願いをしに行ったとして、直感が選んだお守りには〝安産〟と書いてある……え？　これはどうなの？　と思うかもしれませんが、表面に書いてある文字など関係ありません。〝安産〟だろうが〝交通安全〟だろうが、自分がコレ！と思ったお守りがいちばんいいのでそれを買います。

そのお守りを包装している袋から出して、裸の状態にして、神前で「このお守りに強い波動を入れてください。お願いします」と、神様にお願いをします。

心の底から本気でお願いすると、必ず強めてくださいます。

裸のお守りは本殿の階段に置いてお願いをするといいのですが、置けない神社もあると思います。そういう場合、お守りの紐の部分を片方の手首に引っかけて、それで合掌するといいです。

もしも自宅の近くに墓地があって、最近ちょっと体調が悪いといったような場合は、「墓地のよくないものから守るような波動を入れてください」と、お願いします。

また、山岳系神様であれば、本殿とは別に、その山の中腹、もしくは頂上に小さなお社の奥宮があったりします。

そのような神社は、下の本殿ではなく、できれば上の奥宮まで行って神様にお願いしたほうがより強い波動がいただけます。

この場合は、本殿近くの社務所でお守りを買い、それを持って上の奥宮に行く、という順序になります。

※神様にご縁をいただく……最初にお断りしておきますが、ご縁をいただけるかどうかは、あくまでも神様の心証次第です。ですので、明確なルールみたいなものはありませんが、その神社に定期的に参拝に行ったり、たとえ1回でも丁寧にご挨拶をしたり、「あー、この神社好きだなぁ」と涙が出るほど思うとか、そういう場合はご縁をいただける可能性は高いです。

ご縁をいただけた場合は、その神社の神様が守ってくれているということを、なんとなくでも感じ取ることができると思います。一度ご縁をくださった神様は、一生、その人を守ってくださいます。

神様は先回りしない

このタイトルを読んで、「意味が全然わからないのって、私だけ？」と思われた方、大丈夫です。書いている私も、もひとつわかっていません。というのも、ピッタリ当てはまる日本語がないのです。わかりやすいように、例をあげて説明します。

たとえば、神社で「課長になれますように」とお願いしたとします。すると、神様は課長にしてくださいます。よほどの理由がない限り、「課長よりも上の部長のほうがうれしいだろう」と、願った以上に先回りして部長にしてくれる、ということはありません。

また「生活が楽になりますように」と願えば、今の生活よりも楽にしてくださいます。

決して「お金持ちになったらもっと楽になるだろう」と、願われてもいないのに、先回りをしてお金持ちにはしないのです。

どうして先回りをしないのでしょうか。

それは、神仏は人間の意志を尊重するからです。基本的には人間の意志が最優先で、余計な口出しや手出しはしないのです。

つまり、神様が先回りして、あれこれ準備をしてやり、その人がまだ願ってもいないのに人生を変えてしまう……ことはありません。

神仏は、人間の人生計画に勝手にズカズカと介入してはいけないのです。

高級霊になればなるほど、つまり、神様の格が上がれば上がるほど、その真理をよく理解しているため、控え目なサポートになるわけです。

それを考えると、願った以上のことにならないのは当たり前で、神様がもうちょっとよくしてくれたらいいのにーと、そこに不満を持ってはいけないのです。

ここで、「先回りがないなら、希望よりも大きめの願をかけたらいいんじゃないの?」と、思われた方もいらっしゃるかもしれません。

この場合、神様が多角的に検討し、「無理じゃな」と判断すれば、願掛け自体が〝却下〟となります。

私が女優を目指していたとして、「ハリウッド女優になれますように」と大きめの願掛けをしても、神様が「無理！」と判断されるだろうことは、みなさんもおわかりになると思います。

するとこの〝願掛け自体〟がボツになります。願掛けを全部ボツにしないで、少しでも活かそうと、神様側が勝手に何かをすることはありません。

「ハリウッド女優は無理だが、演劇サークルに入れるようにしてやろう」と、ハリウッド女優の部分は叶えられないが、芝居ができるという部分は叶えてやろう、などと、中途半端な、頼まれてもいないことはしません（私は演劇サークルに入れてくださいというお願いはしていないのです）。

ハリウッド女優という願掛けは、あくまでもハリウッド女優です。

いずれにしても、神様は人間の意志を尊重するため、先回りして、余計なおせっかいはしない、ということです。

願掛けが叶わない理由

神社に行って、一度にたくさんの願掛けをする人がいますが、お願い事はひとつにしたほうが叶いやすいです。

ほとんどの方が謙虚にたったひとつのお願いだけをして帰る参拝客の中で、「私には、あの願いもこの願いも叶えてくださいね」という欲張りな人間性を出すのは、あまりよいこととは思えません。

ですから、お願い事がたくさんあったとしても、どれかひとつに絞ってお願いします。叶えたい他の願いは、別の神社でお願いすればいいのです。

つまり、ひとつの神社でお願いするのはひとつだけにする、ということです。

ブログ読者の方から「お願い事が叶ってお礼参りに行ったときに、また新たにお願い事をするのは失礼ですか？」という質問が来たことがありますが、その神様の力を信じているからこそ、もう1回お願いするわけですから、失礼には当たりません。まったく問題ないです。

その一方、神様が叶えてくださらないお願い事というのもあります。それはギャンブルに関するお願いです。たとえば、「宝くじが当たりますように」とか「今度の日本ダービーで万馬券が当たりますように」というお願いは叶えてくれない、ということです。神様は賭け事が嫌いなためです。

また、お願いの仕方が中途半端な場合も叶いにくいです。

これは、多くの人がしがちな願掛けといえますが、お願い事に関しては絶対、具体的に言うほうが叶えてもらいやすいです。

たとえば、「商売がうまくいきますように」とか「いい人と結婚できますように」とお願いする人がいますが、これでは叶いにくい、ということです。

そのお願いの仕方では、その人にとって〝商売がうまくいくとはどういう状態か〟、〝いい人とはどんな人か〟ということが神様には伝わりません。

つまり、「うまくいくというのはどういう状態か、いい人とはどんな人かは神様のほうで調べてくださいね。そして、私が喜ぶようにちゃんと願いを叶えてください」と言っているようなものです。

ですから、こういうお願いの仕方はやめたほうがいいです。

逆に言うなら、願い事を叶えるコツは、お願いしたい内容を〝詳しく具体的に説明する〟ということになります。

たとえば、自分はどんな商売をしていて、どこに困っているのか、自分にとって商売がうまくいくとはどういうことか、そのためにどんな努力をしているか、どれだけの収入を目指したいのか……など、この願いはこういう理由で叶えてもらいたいのです、ということを、正直に詳しく説明します。

私は、複雑なお願いをするときは長いときで30分、普通でも15分くらいはこの説明を一生懸命にしています。

もしも、これらをきちんと守っているのに願いが叶わなかった、という場合は、まだその時期ではなかったのかもしれません。

中には、願いがその人の人生の目的に反するものだったとか、叶うとその人の人生の計画が狂ってしまう、カルマの関係上、叶えられない願いだった……

といった理由がある場合もあります。

これとは別に、その願いを叶えてしまうと、その人が将来不幸になる、と神様が判断した場合も、願いが叶わないことがあります。

たとえば、大学受験の合格祈願をしたのに、第1志望の大学は落ちてしまい、すべり止めだった第2志望の大学に行くことになった場合、「わざわざ神社に行って祈願したのに受からなかった。第1志望に行きたかったのに！」と落ち込み、神様に見離されたように感じる人もいるかもしれません。

でも実は、神様はもっと先のことを見て判断してくださっているのです。

第1志望の大学に行くと人間関係で悩むことになるけれど、第2志望の大学に行けば、やがて生涯の友人ができるとか、先々、就職に有利になるなど、将来を見据えて判断してくださるのです。こういう場合、神様はあえて第1志望の大学を落とします。

これは、結婚祈願の場合も同じです。

たとえば、ある女性が、「Gさんとの恋が実って、将来、結婚できますように！」と真剣にお願いして、それが叶わなかったとしましょう。

この場合、たとえばGさんには生まれる前に結婚を約束したソウルメイトが別にいて、その相手と1～2年後に出会って、やがて結婚する……という未来が神様には見えているのかもしれません。

そうなると、恋がうまくいってしまうと、結局はこの女性が深く傷つくことになります。Gさんを諦めきれずに不倫関係になってしまう危険もあります。どちらにしても、この女性にとっては不幸な未来が待っていることになります。神様がそう判断すると、この女性を大事に思うがゆえに、その願いは叶わないのです。

もしかしたら、Gさんは表面的には優しくても、実は心根がよくない男性で、結婚するとDVが始まるのかもしれません。そのように、幸せにはなれないと神様が判断した場合も、願いを叶えてくれません。

というのも、こういったお願いをした場合、神様はGさんのことを見に行ってくれるのです。どんな人かをちゃんと見て判断してくださるわけです。

神様は、神社の奥にじーっと座っていて動かないと考えている人が多いと思いますが、実はそうではありません。一瞬で行ったり来たりと、大変、フットワークが軽い存在なのです。

お願い事が叶わない場合も、そこにはそれ相応の理由がある、ということをおわかりいただけたでしょうか。

もちろん、どんな願掛けも、一生懸命に努力をして、それから神頼み、という順番ですが、その人の努力も神様はしっかり見てくださっています。

神様を信じて心の底からお願いしますと伝えれば、神様は見捨てることはありません。行けば行くほど、神様はその人をかわいく思ってしっかり守ってくださいます。

ですから、一度や二度、お願いが叶わなかったからもう神社には行かない……というのは、実は守ってくださったことなのかもしれないのに、それを捨ててしまうというわけで、もったいないことなのです。

金運をいただくコツ

願掛けを叶えるコツは、どうしてそのお願いを叶えてほしいのか、どのようになりたいのかなど、願掛けをする理由や現状や希望を丁寧に詳しく具体的に説明することにある、と書きましたが、祈願によっては自分でも準備しておく必要があるものがあります。

それが、金運に関する願掛けです。

金運は、願をかける人によって、同じ「お金が手に入りますように」という言葉でも、微妙に内容が違います。

商売をしていたり、新規事業を立ち上げる、自由業や歩合制の仕事など、自分の頑張り次第で収入を上げられる仕事に就いている人は、お金はその成果となって入ってきます。

つまり、仕事がうまく回れば金運に恵まれるわけですから、神様も願を叶えてくれるときは、ここにお金を持ってきてくれます。

この場合は、他のお願い事と同じように、願掛けの理由などを詳しく説明し、さらに、目標金額をはっきりと数字で言うことがコツになります。

つまり、「今月の売上げ高が、先月よりも上がりますように」というのではなく、「今月は売上げ３００万円を達成させてください」というほうが叶えてもらいやすいということです。

では、そういった職ではない方々はどうでしょう。

会社勤めやパート勤務など固定給の人は、急に月給が10万円上がったり、臨時ボーナスが何百万円も支給されたりしないと思います。主婦、学生、年金で生活されている人もそうですね。金運をお願いしても、大金が入ってくる道（方法）がないわけです。

となると、神様が大きなお金を持ってきてくれるように、道だけは作っておいたほうがいいということになります。

たとえば、今の時代はお料理が上手な人、お掃除が上手な人など、昨日までは普通の人がテレビに出て有名になったりします。そういう道もありますし、手芸が上手だったら、作品を作って売る、それが口コミで売れてお店を持つ、という道もあります。歌が上手なら、今は動画サイトがありますから、そこで歌ってみるという道もあります。

「でも、私はそういう特技も趣味もないし、時間もないんです」という方は、私が作っている道を提案します。

私はミニロトを銀行のATMで買っています。これだと週に200円で、1ヶ月800円の出費で済みます。金額が大きいほうがいい人は違う種類のものを買えばいいと思いますが、懐が痛まない範囲で定期的に買うのがコツです。

身近な人で、定期的に買っていながら、その日たまたま買い忘れたために、ロト6の1億円を逃した人をふたり知っているので、コンスタントに買い続けるのも大事だと思います。

こうしてお金を持ってきてもらえる道を作っておかないと、何も道がなかったら、神様が願いを叶えてお金を持ってこようとしても、大きなお金は渡せない、ということになります。

そして、忘れてはいけないのが、神様はギャンブルのお願い事は叶えてくれない、ということです。

ですので、〝どうして〟金運をいただきたいのかを明確にします。

それが部屋のリフォームなら、「部屋をリフォームしたいので、その手付金が〝どこからか〟入ってきますように！」というふうにお願いすると、叶いやすくなるわけです。

くれぐれもうっかり「宝くじで、リフォームの手付金が入ってきますように！」と言わないように気をつけましょう。

〝宝くじ〟のひと言で、はい、ブー、帰ってください、と、「即！　却下」になります。

神仏を感じる力を育てよう

誰にでも神仏を〝感じる力〟はあります。その力に気づいてください、その力を磨きましょう、と私はこれまでずっとブログや本で言い続けてきました。

ブログを始めた当初、「私には霊感がないのでわかりません」というメッセージがたくさん届き、多くの方が「自分には霊感がまったくない」と思い込んでいることを知って、とても驚きました。私は霊感は誰にでもあると思っていますし、みなさん「なんとなくイヤな気がした」とは感じているからです。

それに、〝ない〟と思っていると、せっかく持っている力をみすみす錆びつかせてしまうことにもなります。それではもったいないとずっと思ってきましたが、1冊目の本を出してから読者の方からのメッセージの内容が変わってきました。

「私には霊感がないと思っていたので今までは全然、気づきませんでしたが、本に書いてあった参拝方法を試して本殿を見ていたら、優しい雰囲気をなんとなく感じることができました。ありがたくて涙が出ました。こういうことなんですね。感じ方がちょっとわかってきました。識子さん、ありがとうございます」

という、このようなメッセージが多く届くようになりました。

読んでいるこちら側で、「そうそう、それです、良かったですね～、自分で感覚をつかむことができて～」と答えています。

これが、まさに神様を感じる力を育てるスタートです。

つまり、〝なんとなく〟でも感じていることに気づき、それを育てていくことが大切なのです。この方のように優しい雰囲気というほんわかしたものに気づくためには、まず、神社に行ったらおしゃべりをやめて心を静かに研ぎ澄ませ、五感をフルに働かせて、お社を見たり、風や鳥の鳴き声に耳を澄ましてみることです。

そして、「神社に行ったら清々しい気分になった」「心が晴れやかになった」「なぜだか感動して涙が出た……」など、〝なんとなく心地よい感触を感じる〟ことができたら、その体験を増やしていくことが重要なのです。

いきなり「神仏の声が聞きたい！」と先を急ぐと、せっかく感じている〝いい気〟〝神様の気配〟を取り逃してしまいますので、焦りは禁物です。おぼろげな感覚を積み重ね、筋力を鍛えるように少しずつ力を伸ばしていってください。

私も、すぐに神仏の声が聞こえるようになったわけではありません。いろいろな試行錯誤や修行ののちに、神様の声がわかるようになったのです。

日頃からポジティブな言動を心がけたり、人格を磨く努力を重ねて自分の波動を高めたり、神社仏閣に行って高い波動を浴びたり、自分から神様にたくさん話しかけてみることも大切です。〝感じる力〟が高まり、神仏とつながりやすくなります。

いずれにしても、コツコツ地道に力を伸ばしていくことが最善にして唯一の方法で、残念ながら短期習得法といったものはありません。

でも、だからこそ、「今日も〝いい気〟を感じられた、よかった～」とか「陽射しがポカポカ暖かくて、神様が歓迎してくれているみたいでうれしかった。神様、ありがとうございます！」と、その過程を明るく楽しめるわけで、その様子を見守っている神仏も、そのような嬉しそうに努力している人を愛おしく思うわけです。

〝感じる力〟を焦らず徐々に育てていって、神仏が大好き！　という気持ちを忘れず、日々感謝とともに心正しく暮らしていれば、いつか必ず神仏の声を聞くことができるようになるはずです。

神社の神様も、お寺の仏様も、あなたのことが大好きなのです。この本を読んで、「そこに気づきなさい」と示されていることからもわかると思います。

神仏の愛情を信じる……すべてはそこからなのです。

おわりに

この本を読んでいただき、ありがとうございました。

少し前に、夕方の情報番組で放送されていた内容が、とても印象的でしたので、ここでご紹介したいと思います。

5歳の男の子が、練習をしてもなかなか自転車に乗ることができない、というところからその特集は始まりました。

昔と違って、今は自転車に乗る練習をする場所がとても少ないのだそうです。母親が乗り方を教えているのですが、うまくいかなくて男の子は自転車に乗ることをマスターできません。マンション前の道路で練習していましたが、取材のその日も、男の子は乗れずじまいでした。

これは大阪なのか東京だったのかわかりませんが、どこかの公園で自転車教室が開催されているそうです。指導員は高齢者の部類に入る年齢のおじさんたちですが、自転車業者だとテレビでは紹介していました。

つまり、その世界のプロ、というわけです。

最初はペダルを取った自転車に乗って歩くことから始め、その後、両足で地面を蹴って自転車を進めていました。次に、ペダルをつけた実際の自転車に乗って走ります。

後ろの荷台部分をおじさんが持ってあげて、一緒に走るのです（高齢なのにおじさん、すごいです）。

しばらく走ってから手を離すのですが、男の子の自転車はグラグラしてうまくいかず、すぐに倒れてしまいます。そしてついに、派手に転んでしまいました。

男の子は休憩室に行って、休憩を取ります。まだ5歳ですから、そこで泣いて、もうイヤだ、というようなことを母親に訴えます。

母親も、泣いてイヤがる子どもに無理強いをさせるのはかわいそう……と思ったようで、その日は「もうやめようか？」という雰囲気になっていました。

そこに、指導員のおじさんがやってきて、

「さぁ、頑張ろう！」

みたいなことを言って、有無を言わせず男の子の手を引いて行きます。

男の子は「え？」と戸惑っていましたが、おじさんがフツーに、

「できる、できる。さ、行こう」

といった感じで連れて行くので、言われるままに練習を再開しました。

その後も何回か転んでいましたが、男の子は転んでも泣かずに頑張り、その結果、ついに乗り方をマスターしていました。

自転車にカメラが取りつけてあって、乗っている男の子の顔が写されています。男の子は、風が気持ちいい〜、うわぁ、気分爽快！　嬉しいなぁ〜、という表情で乗っていて、自信に満ちたその顔は、先ほど泣いていた子とは別人でした。

人生も同じだと思いました。

努力していることを、イヤだからあきらめる、やめるのは簡単です。楽です。けれど、そこであきらめてしまったら、〝達成することができる自分〟と〝自信〟が手に入りません。

そうなると、どうせ何をやってもダメだし……という自分を低くみてしまう原因を作ることにもなりかねません。

そこを頑張って達成すると、やればできる自分に気づき、自信も手に入れ、風を切って走る爽快感を知り、世界も広がるわけです。

この例でいえば、自転車に乗れないままでいる男の子と、乗れるようになって、いろんなものを手に入れた男の子が見る世界は全然違います。

人生には、イヤなこと、つらいこと、苦しいことが必ず起こります。

「どうして私だけがこんな目にあうの？」

「何にも悪いことはしてないのに！」

「もう生きていくのがイヤになった……」

と、とことん落ち込むこともあるかと思います。

でも、そこを乗り越えれば、大きく成長する自分が待っています。

乗り越えたからこそ手に入る素晴らしいものもたくさん用意されています。

未来の自分に聞くと、あのつらい出来事があってよかった、と言うはずなのです。

でも、本当につらい……と思ったときは、この男の子を思い出してください。前だけを見て走るのではなく、後ろを振り返ると、そこには神様や仏様、守護霊様がしっかりと荷台をつかんでくれています。

手を離しても大丈夫なそのときまで、後ろで見守ってくれています。

頑張れ、頑張れ、と応援してくれているのです。

人生という自転車は自分でこがなくてはなりません。けれど、その後ろにはあふれんばかりの愛情を持って、見守り、サポートしてくれている神仏がいるのです。

「そうか～、だったら、私は大丈夫だな」と考えて生きていくと、そのうち道は必ず開けていきます。

神仏を知るということはそういうことなのです。

桜井識子

幸せになるひっそりスピリチュアル作法

著者　桜井識子
ブックデザイン・イラスト　おおつかさやか
編集協力　阿部敬子
発行人　倉次辰男
編集人　小田切英史
発行所　株式会社　主婦と生活社
〒104-8357　東京都中央区京橋3-5-7
編集部　TEL03-3563-5194
販売部　TEL03-3563-5121
生産部　TEL03-3563-5125
印刷所　太陽印刷工業株式会社
製本所　株式会社若林製本工場

ISBN978-4-391-14669-1